わがままに
生きる哲学

佐藤和夫・藤谷 秀・渡部 純＝責任編集
多世代文化工房＝著
tasedaibunkakobo

発行＝はるか書房 発売＝星雲社

はじめに

「暗い時代」だと思う。

ところが、この「暗い時代」ということを、四〇年前にはよく実感できなかった。私は優に六〇代を過ぎた人間だが、私の二〇代の頃が決して夢のような時代だったわけではない。社会には目を背けたくなるような矛盾や不満があり、ヴェトナム戦争に代表される東西冷戦で、いつ第三次世界大戦が始まり地球が滅びるかもしれないとビクビクしていた。米ソの核実験合戦*で放射能入りの雨が容赦なく降り、山谷や釜ケ崎**という大都会の陰の地帯では気が重くなるような貧困や悲惨もいっぱいあった。ところが、どういうわけか、生きている時代が「暗い」という印象をまったくもっていなかった。

＊ 第二次世界大戦後、米ソは世界の覇権を争って次々と原水爆実験をくり返し、世界中を数十回もすべて破壊できるほどの核兵器を増産しあっていた。

＊＊ 大都市には、東京では山谷、大阪では釜ケ崎といわれるような住所不定の日雇い労働者の集住地域が存在し、この社会の生み出す貧困や差別、暴力などが凝縮的に生み出されてきた。

数年前、たまたま、若い世代と話す機会があった。そのとき、彼らと私とは同じ時代に生きているのに、ずいぶん違う経験をしているなと思った。私は大学の教員を三〇年以上やって、ずいぶん若い世代と話してきたつもりだが、私が学生だった頃に経験したものは、若い世代にはまるで想像のつかないことだとわかった。時代が大きく動いてしまっている。

そこで、以前からつきあいのあった友人に声をかけ、二〇代に始まり、三〇代、四〇代、五〇代、そして六〇代と各世代が集まって、いまの「暗い」時代をくそみそに蹴飛ばし大放談をしてみよう、ということになった。酒にまかせて言いたい放題で話し合っていくうちに、容易には理解しがたい不可解な思いが湧きあがってきた。日本は世界有数の経済力をもった国なのに、若い世代になればなるほど、生活に不安を抱え、ものを言いにくい雰囲気があることに気がついたのだ。若い世代は、この社会に絶望している。そもそも豊かな社会というのは、ゆったりと余裕があって、言いたいことを言い、のんびりおおらかに暮らせる社会をいうのではないか。この「豊かな」はずの社会に、なぜこれほど余裕のない雰囲気が充満しているのか。いろいろ話しているうちに、少し見えてきたことがある。若い世代にも悩みや苦しみはうんざりするほどあるのだが、どうも、それを口に出して気持ちを共有したり、自分の悩みを気楽に話せるような文化がないようなのだ。

それじゃあ、せめてみんなの気持ちを代弁し、対話するような企画を考えてみたらどうだろう。たとえば、それを人生相談という形でやってみたら、心の奥底にしまってあるような悩みも共有しやすく、少しは気も晴れるのじゃあないだろうか。そんなことを思いついた。たしかに、四〇年前に比べたら問題は複雑すぎる。だいたい、日本が貧しいから人生が大変なんだと自分自身を納得させていた時代から、一転、「豊か」になっているはずなのに自分だけがおかしいとか、自分だけがどうにも抜け出られない困難に陥っているのではと、苦しんでいるように見える。

そもそも、二五〇〇年くらい前に仏教の元祖になったゴータマ・シッダルタ（仏陀）さんが、いちばんそのことを知っていて、「人生は苦だ」と考えた。病気になること、歳をとること、死ぬことが苦しみであることはもちろん、生きていることそのものが苦しみだと言っている。嫌いなやつと一緒に仕事したり、暮らさなければならないという苦もあるし、好きな人、愛している人と別れなければならない、あるいは望んでいるものが思うように手に入らない、そもそも生きているからこそ、いろいろな苦しみが湧き出てくる――そんなふうに仏陀は考えて、人生は「四苦八苦」だと言った。

ところが、昔は人生のしんどさ、苦しさは、他の人にも見える形で存在したが、いまは、一見みんながら幸福そうに生きているように見える。私も四〇歳になったときに、これで「四〇にして惑わず」というから少しは楽になるのかと思ったら、とんでもなかった。まるで悩みの頂点かのように苦しみだらけだった。だから、自分がおかしいのではないかと思った。でも、問題は逆ではないのか。

いま、モノだけはいっぱいあっても、生きる苦しみを共有し耐えさせてくれる人間のつながりというものが消え、なんだか、この世で自分だけが苦しみを背負っていると思いこんでしまう。そうした世の中のほうが、問題ではないのか。自分がおかしいのではない。自分の苦しみを共有させない現代こそが、おかしいのだ。「暗い時代」というのは、自分の苦しみや生きようがこの世界のまっとうな営みだとは感じさせず、自分だけが世の中の不適格者、無用な人物だという思いが引き起こす感覚ではないのか。逆に言えば、人生の苦をみんなで語り合い分かちあえれば、この「暗さ」が、「明るさ」や希望ともつながっていくのではないか。

二千数百年前、古代ギリシアのアテネでは、市民が人生の問題、ポリスといわれる自分たちの共同体のありようをめぐって、アゴラという広場に集まり、議論していた。人間が生きることとは、互いのかけがえのない人生の難問や経験を語り合うことそのものだ、と言わんばかりに縦横無尽に人生を吟味し、議論しあった。その話し合いをいつもけしかけ、人生の難問を提起していたのが、ソクラテスという哲学者だった。哲学とは人生の意味を探り合い、存在の不可解さを議論しあう営みだった。自分のなかに閉じこもっているだけでは、意味は見えてこない。意味はみんなと語り合うことから明らかになるものだし、語り合ってこそ、生きる苦しみも耐えられるようになる。そう思っていたのではないだろうか。私たちも二一世紀にもう一度、そんなアゴラを創りはじめたい。

佐藤　和夫

目次

第3章　家族とパートナーシップをくみかえる

第4章　おカネと仕事にしばられずに生きる

【この本に登場するソクラテスたち】

人生実験くん

性別：男性、1948年生まれ。

八ヶ岳の山で農業と料理をしながら、死ぬまで人と自由に生きたい人生肯定派。カネは大事だが、カネに縛られて生きるのは最低と信じている。

●耳順くん

性別：男性、1956年生まれ。

誰かがいるということへの驚きと問いかけから哲学しつづけているものの、人の話に耳を傾けること（耳順）は、まだまだですね。

かつては冒険家

性別：女性、1971年生まれ。

男とばかり働いてきた女。気がつけば、私生活は親の介護、仕事では後輩の指導という年齢に。どちらも苦手で日々格闘中。

●田舎の世界市民

性別：男性、1973年生まれ。

国境を越えた世界市民として生きることをめざしながら、田舎の因習に日々引き裂かれて生きている。

●22歳からの活動家

性別：男性、1984年生まれ。

22歳で「活動家」になると決め、現在「脱消費・脱雇われ生活」を模索して、カフェを立ち上げ経営。非婚のステップファミリー。

●えほんの虫

性別：女性、1985年生まれ。

絵本・料理・工作好き。仕事や生活のことで葛藤し、ときおり不安に襲われることが悩み。

第1章
人生の不安をふりきる

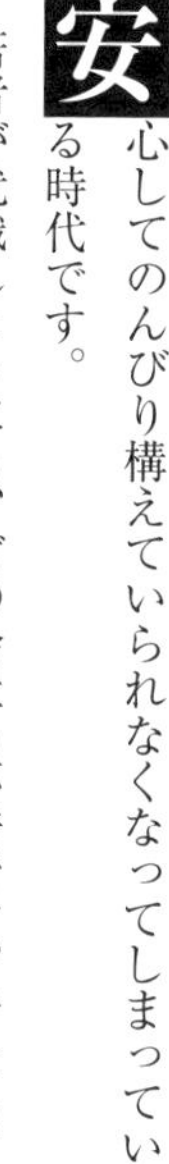
安心してのんびり構えていられなくなってしまっている時代です。

若者が就職しようにも、どの会社も不安です。昔なら、公務員になるとか、大企業に勤めて真面目にやっていれば、一生安心して暮らせるなんて思えたものです。でもいま、どこに勤めれば、そんな安心が得られるのでしょう?

そもそも、人生全体がわかりません。いい大学に入れば安心なんでしょうか。とにかく結婚して子どもをもてば、幸せなんでしょうか。フェイスブックを見ていると、知り合いのみんなが載せているのは、子どもとおいしい食事の写真ばかり。それが不思議でなりません。日頃、夫が協力してくれないことにあれほど不満を垂れていたのに、こんな幸福そうな写真ばかりを載せるのは、サギじゃあないの? 一流企業に就職したって、いまでは過労死しそうなほど働かなくてはいけない。考えるだけで、それは無理だと感じるのです。結局、いまの世の中で生きていくのは、前に行こうと後ろに行こうと、どちらも地獄です。どこにも安心できるところがないのです。

それだけではありません。そもそも、人間の関係自体が信用できなくなっているのです。仕事に就いたら、いつの間にか学生時代の、あんなに仲のよかった友だちとの関係が、どんどん薄くなっている。もっと悪いのは、結婚です。結婚してしまうと、友だちとの距離がどんどん離れていく。そのうえ子どもでもできると、さらに周りとの関係が薄れていって、子育ての間の必要な人間関係しかもてなくなっていくことに気がつくのです。

人生は、なぜこんなに不確かで、孤独なんでしょうか。私たちの前には、不安しか待っていないように見えるのです。こんな不安だらけの生活では、あと二〇年後の人生はもちろん、この世界でさえ本当に存在しつづけるのか怪しく感じられます。こんな時代では宗教に頼ってみようとか、自己啓発本でも読んで自分の心の持ち方を変えてみようかな、などと思っても当然なのでしょうが、それもどこかで他人任せに思えるし、猜疑心から自由になれません。いったい、こうした不安をどうすればいいのでしょうか? 一緒に考えましょう。

Q1

転職をくり返しています。私は社会の落ちこぼれなのでしょうか？

大学では教育学を専攻し、卒業後は、都内の保険会社で会社員として数年間勤務しました。でも、会社が外資に吸収されることになって仕事を失い、それを機に、以前より憧れていたイギリスにワーキングホリデービザで一年間滞在し、演劇教育に力を入れている学校でアシスタントとして働いていました。ビザが切れて、日本に戻ってきたとき、全財産五万円しかなかったので、とりあえず寮のついている進学塾にすぐ就職を決めました。ところが、その職場の拘束時間や勤務内容がハードで、勤めて一年ほどでうつ病になり、部署を代えてもらったのですが、二年で退職しました。

そこで、大手の教育系教材会社が新しく作文教室を立ち上げるというので応募したところ、私一人だけが採用され、三年間必死で働きました。もともと、演劇を含め表現活動に興味があったので、作文教室にもいろいろなアイデアが次から次へと湧きあがり、その教室は三年間で大成功を収め、全国展開をしていくまで成長していきました。ただ、そこからがまた大変で、上司との考えが大きく合わなくなっていったのです。そのため会社に行ってもやる気が起きず、気がつけば二度目のうつ病。

友人に相談すると、「そこまで転職をくり返して手にした仕事で、大手の安定した会社なんだから、福利厚生を最大限に利用して休むだけ休んで、職場の人間が移動して少しでも環境がよくなってから復職すればいい」「仕事を辞めるのは、我慢が足りないんだ」等、さんざん言われ、頭では納得した気になっても、やっぱり自分はそんなところで我慢して生きていくことはできないと、再度仕事を辞めてしまいました。私にとっては、その会社で働きつづけることは水の溜まった洗面器に顔を突っこんでいるような、そんな苦しみがあり耐えら

●考えるための言葉

「敗北したところから、すべてが始まる。」

＊石原吉郎『詩文集』

れないのです。
私は社会に適応のできない、落ちこぼれなのでしょうか。履歴書の職歴欄が多くなればなるほど、社会に受け入れられない自分になっている気がして不安でなりません。

（三〇歳・休職中・女性）

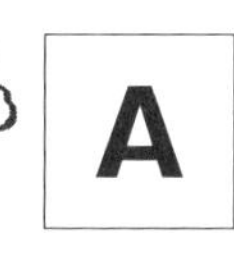

A

先の見えない不安のなかにこそ、生の充実があることを知ってしまった人の性(さが)なのです。

社会の落ちこぼれ……。教師をやっていると耳の痛い言葉ですね。実際、就職した卒業生が辛そうな面持ちで「仕事を辞めたい」という相談にくると、「一度辞めると正社員として再就職しにくくなるよ」となだめすかして、思い止(とど)まらせようとします。けれど一方で、そんなに辛い思いをしてまで働きつづける意味なんてあるのかと思う自分もいます。

いわゆるロスジェネ世代*と呼ばれる僕は、大学生生活はバブル崩壊とともに始まり、大手金融の倒産やリストラの嵐が吹き荒れる就職氷河期の真っ只中を過ごしました。人間、目の前のパイが少なくなればなるほど、われ先にと、それに群がるものです。就職できるだけマシ。とにかく、「就職できなければ一生這いあがれないかもしれない」という当時の学生たちの焦燥感は深刻でした。きっと、あなたに仕事を辞めるなと説得した人も、この種の不安を強く抱いてのことだと推測します。

＊　ロストジェネレーションの略。「失われた世代」と訳されるが、バブル崩壊後とともに始まる就職氷河期に新規卒業者となった世代で、フリーター、派遣労働者、引きこもりなどの社会現象とともに、不安定雇用と格差社会のなかを若者として経験した世代を指す。

じゃ、正社員として就職できれば人生安泰かといえば、そうではないこともまた、僕らの世代は目の当たりにしてきました。就職後すぐに会社が倒産してしまった友人もいます。不況の折、働く環境はますます厳しくなるばかりで、サービス残業や長時間労働は当たり前。うつになって休職したり退職した友人もいます。過労死してしまった幼なじみもいました。就職するも地獄、しないのも地獄。それでも、先行きの見えないなかでは、これまでの慣行にしがみついて、ただただ萎縮しながら耐え忍ぶのみでした。

何のために働くのか。当時の僕は大学院修了を目前に、その問いの前に動けなくなってしまいました。結局、就活を放棄した僕は、フリーター生活を送りながらその問いを考え抜こうと決意しました。昼間は読書に没頭しながら、夕方から塾の時間講師として働き、深夜は銭湯の風呂掃除のアルバイトをかけもちする生活は、精神的にも経済的にもかなり不安定でした。月九〜一二万円程度の収入は、首都圏で一人暮らしをするにはギリギリです。親とは絶縁状態になり、同級生はみんな卒業してしまったなか、取り残された気持ちばかりが強まります。その不安から突然、夜中に目を覚ましたり、眠れなくなったり、叫びたくなることも、しょっちゅうでした。

けれど、その一方で、カネはなくとも人生の意味を考える充実感があったことも確かです。何でも見てやろう、吸収してやろうと、無所属の時間を生き急いでいました。いま振り返ると、後にも先にも、あれほど贅沢な時間はなかったと思います。贅沢な時間とは、つまり時間そのものが凝縮したかのような、濃密な生の経験です。たしかに、不安はできれば避けけたい経験です。でも、こうした贅沢な時間を過ごすなかで、しだいに僕は不安こそ覚醒した生を得られる条件かもしれないと思うように

●
考えるための言葉

「破綻して、職業も名誉も家庭も失った時、はじめて人間とは何かということが見えるのです。」
＊車谷長吉『人生の救い』

なっていきました。

実は、そう考えられるようになったのは、逆説的ですが、いまの安定した仕事に就職してからのことです。結局、僕の無所属の時間は二年ほどで終焉を迎えました。故郷の教員採用試験に、思いがけず受かってしまったのです。親も喜びました。収入も生活も安定しました。けれど、それと引き換えに、仕事による束縛はありえないほど息苦しいものでした。「それが働くということだ」とわかっていたとはいえ、その息苦しさは相談者の言葉を借りれば、「水の溜まった洗面器に顔を突っこんでいるような苦しみ」そのものでした。地縁血縁のしがらみや、古い考え方が残る田舎の文化にうんざりさせられもしました。

すると、人間なんてわがままなもので、安定とともに手に入れた先の見える息苦しさから抜け出たいと思うようになります。けれど、それと引き換えに、生活の安定を捨てられるか……いや、それでも、こんな生きながらに死んだ状態を続けられるのか……。この、先の見えない不安感と、人生の先までも束縛する息苦しさとの間を振り子のように揺れ動く葛藤は、僕の場合、無所属時代に充実した生を経験してしまったおかげで、人よりも深刻だったと思います。働きつづければ、家族ができれば、そんな悩みはしだいに消えていくよ。先輩方はそう諭してくれましたが、あれから一五年経っても、いまだにこの葛藤の振り子が止むことはありません。

そんなときにいつも、僕の心に問いかけてくる哲学者がいます。「君、明日死ぬとわかっていたら、そんなことしている場合なの?」と、問いかけてくるハイデガーというおじさんです。「そんな暇ないだろ。人間、いつ死ぬかわからないんだぜ。その死から目をそらさず、日々の惰性に流されて時間を浪費する生き方なんてやめて、本来の自分を取り戻せよ」と、僕の心をかき乱してくれるのです。

もし、明日死んでしまうとしたら? そう言われると、若い頃にとことん生きる意味を考えてみたいと思いながら、それを中途半端に投げ出して就職してしまった僕は、そのままにして死にたくはないなぁという、心の隅に残されていた思いがよみがってきます。

四〇を超えた僕が言うのもなんですが、四〇にして惑わずなんて嘘です。四〇を過ぎてもなお、この安定した生活に煮え切らない僕は、ついに齢四三にして仕事を休職して、再び大学に戻って哲学を学び直すことを決意してしまいました（この本が出版される頃には、再び無収入の学生になっているはずです）。その選択をしたからといって、何かがうまくいくなんて保障はありません。むしろ、生活のリスクは増すばかりです。でも、これは先の見えない不安のなかに生の充実があることを知ってしまった人間の性(さが)なんです。別の言い方をすれば、それはうまくいくかどうかなんて気にする以前に、「自分自身」をやめることに耐えられない不治の病みたいなものなのです。

実は、あなたも、それを知ってしまった数少ない人間なのではないでしょうか。先の見えない不安をとるか、それとも先の見えた息苦しさをとるか。この問いの前に立てる人は、僕は社会の落ちこぼれかどうかなどと気にせずに、この問いに対する自分の声を聴きとれる特権を存分に活かすべきだと思います。そして、その声に真摯に答えようとするとき、自分が開かれたかのようなすがすがしい境地に立てるかもしれません。

（田舎の世界市民）

●
考えるための
言葉

「健全な精神が健全な肉体に宿りますように。」
＊ユウェナリウス 『風刺詩』

A

生きるために稼ぐことと、魂が躍動することとの間の葛藤こそが、苦しいのです。

僕も今年で三〇歳になりました。おそらく相談者さんとほぼ同じくらいの世代だと推察されます。この歳になってひしひしと思うのは、生きていくのって本当に大変だってことです。何が大変かと考えると、自分が経済的に自立して生きることと、自分の魂が躍動する瞬間や空間をもつこととの葛藤に、若いときよりも苦しむことが増えていると思うからです。

僕は大学卒業後の四年間、大人の学び場をつくる仕事をしていました。自分が望んだ仕事にたずさわり、はじめの数年は仕事の面白みや仕事の外部でのネットワークの広がり、仕事のなかでも魂の躍動感を感じることができていたのです。が、数年して仕事に飽きはじめ、職場の人間も代わり、くだらない人間関係の諍(いさか)いにうんざり。溜息と後悔、片頭痛に悩まされる最後の一年は、これ以上ここにはいたくない、と身体が拒否しているような感覚でした。自分の意思に反することを続けていると、身体が悲鳴をあげるんですね（一方、辞めると上司に伝えた瞬間に、頭痛がおさまるという面白さも同時に経験しました）。

次に経験したのは、長時間労働。その職場を辞めた後は、友人からの誘いでカフェの立ち上げ・経営に関わります。学んだことはたくさんですが、もっとも重要だった学びは、人間は長時間労働をしつづけるとどうなるのか、ということがわかったことでした。労働する動物、とは誰かが言った言葉でしたが、言いえて妙で、まさしく動物に近づいているような感覚です。帰るのは夜の一一時、スーパーは閉まってるからコンビニでビールと簡単なつまみを買って、食べて寝て、朝から仕事、という毎日。自分が何のために生きているのかがわからなくなるほど。いちばんの問題は、仲間とパーティしたり、一緒に本を読む会を運営したり、恋人とゆっくり過ごす時間をもったりといった、これまで大事にしてきた世界、自分が自分らしく楽しめる空間が、ことごとく破綻していったことでした。

僕自身の経験から言えることは、仕事は飽きる側面があるという問題と、ある程度の大きさの組織で働くのであれば、自分がどうしようもできない領域で起こる変化（上司や周りの人間が代わるとか、組織としての状況が変わるなど）に翻弄される問題の二つがつきまといます。それでもなお、しがみついてでも得たいと思える何かがなければ、続けられないのではないでしょうか。おそらく、それがかつては終身雇用や年功序列の賃金上昇だったはずですが、それを保障しない会社が増え、文字どおり生き残りをかけて長時間労働を課すような社会になってきた世代が僕らの世代だととらえています。自分の生活が破綻するような働き方を前提にした社会に適応しろ、そうでなければ落ちこぼれだ、というのは、やはり何かおかしくないですか。僕は、相談者さんは落ちこぼれでもなんでもなく、むしろまっとうな感覚があるからこそ、仕事を辞める決断ができたのではないかと思うのですが。

もちろん、自分の生活は経済的に成り立たせていかなくてはいけません。しかし、パン（食べていくこと）は重要であるが、「人はパンのみに生きるにあらず」という言葉もあるように、生きる基盤と引き換えに心が破綻してしまっては本末転倒、生きていけません。就職活動も重要ですが、仕事とは別に、いや、仕事以上に大切にしたい何か、自分がいきいきとする場所や仲間、没頭できることを見つけ出すことも、同じくらい重要ではないでしょうか。お金も欲しい、しかし、○○をするための時間も確保したい。ある意味で非常にわがままで、自己中な考えかもしれませんが、この考えこそ消し去らずに是が非でも守りぬかないといけないのかもしれません。そうしないと、仕事や生き方その

●
考えるための言葉

「たとえ我々が天国に昇ろうとも地獄に堕ちようとも、我々は自分自身の外に決して出ることがない。」

＊コンディヤック『人間認識起源論』

ものを判断するさいに、周りの目か、もしくはお金という目に見える数値か、というモノサシしかなくなってしまいます。もし相談者さんが好きだという、「演劇を含めた表現活動」に没頭できる時間や仲間の確保を基準に考えた場合には、仕事や私生活のモノサシそのものが変わり、別のものが見えてくるのではないでしょうか？

学校では働くスキルや仕事の重要性は教えてくれても、仕事以外の世界をもつことが重要だなんて教えてくれません。僕がそれを学んだのは、適当に働き、遊びや祭りを大切に生きている、年齢も生き方も多様な友人たちでした。

自殺者三万人超え、超長時間労働とうつ病が激増する、いまの働き方。もういいかげんにして、別の生き方を模索し、次の世代に伝えていくのは、僕たちの世代なのかもしれません。

（22歳からの活動家）

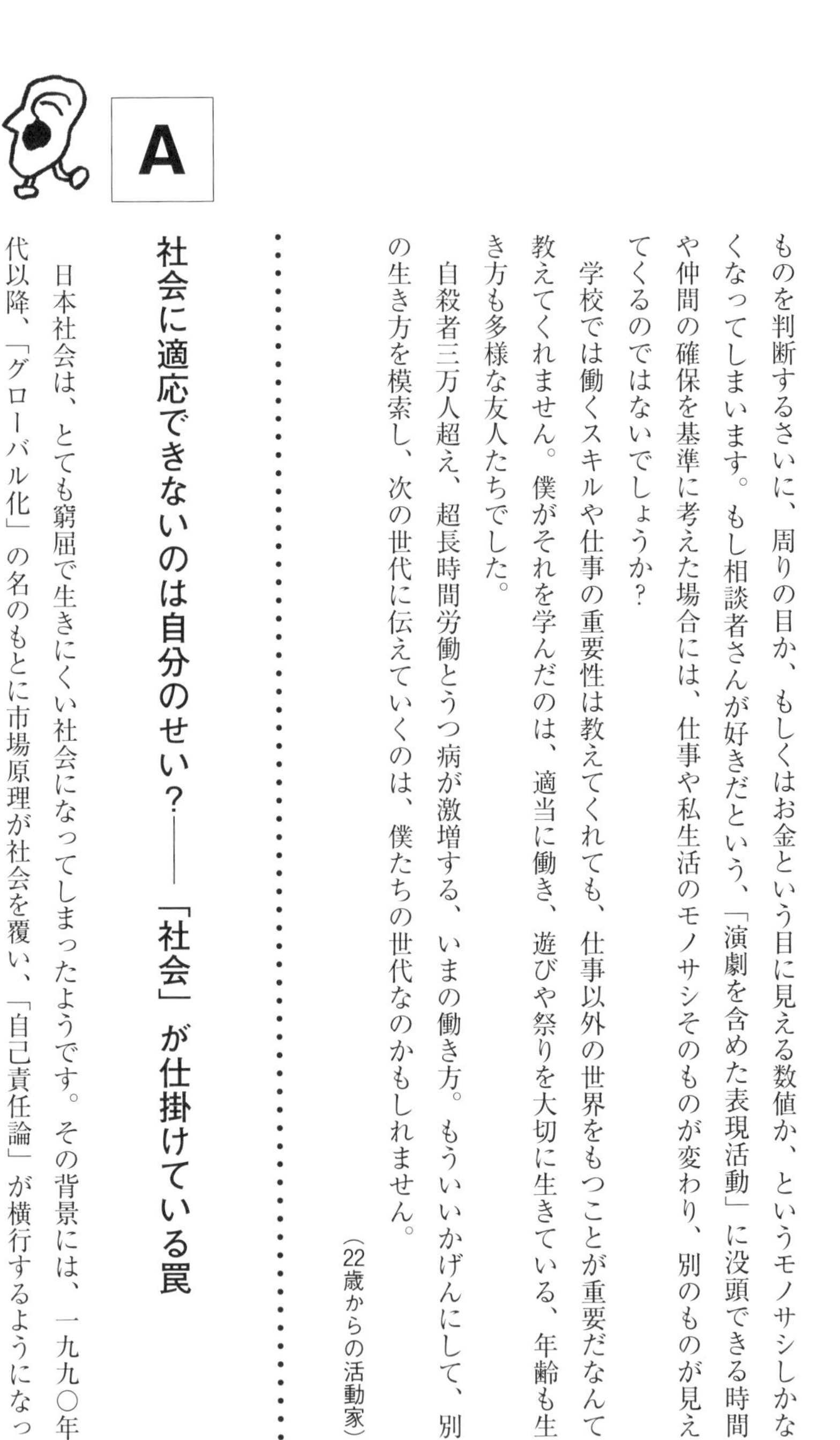

A

社会に適応できないのは自分のせい？――「社会」が仕掛けている罠

日本社会は、とても窮屈で生きにくい社会になってしまったようです。その背景には、一九九〇年代以降、「グローバル化」の名のもとに市場原理が社会を覆い、「自己責任論」が横行するようになった日本社会の変化があると思います。私が学生だった四〇年前、「就職が決まって　髪を切ってきた時　もう若くないさと　君に言い訳したね」（荒井由実『「いちご白書」をもう一度』）などと歌われ、社会に適応して生きることへの諦念といった雰囲気はありましたが、少なくとも「社会に適応できないのではないか」、「社会から落ちこぼれてしまうのではないか」という切迫した不安はなかったように思います。先の歌には「二人だけのメモリー　どこかでもう一度」と、淡い希望も歌われていましたし。そんな世代の私が相談と回答を読んで、二つの問題を感じました。一つは、私たちは「社会から落ちこぼれるのは自分のせいだ」と思わされているのではないかということ。もう一つは、「社会」が経済社会（労働社会）とほとんどイコールになってしまっていることです。

相談者さんの不安や苦しさは、ダブルバインド（相反するメッセージを同時に受け取ることで行動不能になること）のような状態にあることから起こっているように思われます。一方に「社会に適応したい（すべき）＝適応しないと生きていく道がなくなる」という思い、他方に「社会に適応したくない（すべきでない）＝適応してしまうと自分を失ってしまう」という思いがあり、この矛盾した思いの間で苦しんでいるように思うのです。この苦しみから逃れる単純な解決策は、どちらか一方に割り切り、他方を捨ててしまうことです。「こんな世の中に適応なんてしたくない、自分は自分の道を行きたい、それで野垂れ死んでも本望だ」と割り切るか、あるいは「自分に納得のいく生き方へのこだわりは捨てて、世の中がよしとすることに身を任せて生きる」とするか。と、口で言うのは簡単ですが、こんなふうに割り切って生きるのは、決して簡単ではない（もっと言えば不可能）ですね。だからこそ、耐えがたいほどに苦しいのでしょう。

ただ、「社会vs自分」というふうに問題を立ててしまえば、最初から勝負はついています。相手が特定の誰かであれば、その人に反発してわが道を行くか、その人の言うことに従うか、という選択はありうるでしょうが、なにしろ相手は「社会」とか「世の中」という鵺（ぬえ）のような存在なのですから。

●考えるための言葉

「思想及び良心の自由は、これを侵してはならない。」

＊日本国憲法（第一九条）

いやそれどころか、「社会への適応」ということ自体が、「社会」が仕掛けている罠かもしれません。「社会に適応せよ」というメッセージはもちろん、「社会に適応せず自分の道を行け」というメッセージも、「社会」が同時に発しているかもしれないのです。

この例え話として思い浮かぶのは、『旧約聖書』の「創世記」に出てくる楽園（エデンの園）の話です。神様は、自分が造った人間（男と女）を楽園に住まわせ、そこに善悪を知る木を生えさせたうえで、その木の実を決して食べてはならないと命じました。奇妙な話ですね。食べてはいけないのなら、最初から生えさせなければいいのに。ということは、神様は人間にその木の実を食べさせたかったのでしょう。神様のメッセージは、「食べてはならない」と「食べてみなさい」という矛盾したメッセージなのです。ですから、女を誘惑して禁断の木の実を食べさせた蛇は、神様のメッセージを忠実に実行しただけなのです。こうして人間は、善悪を知る木の実を食べることによって、罪と恥という善悪を知ることになります。事は、神様のシナリオどおりに進んでいったわけですね。私には、「社会への適応」という問題も、禁断の木の話と同様、社会のシナリオに織りこみずみの問題のように思います。「社会に適応するかしないか」と迫っているのは、ほかならぬ「社会」だからです。だとすれば、「社会への適応」という強迫によって生まれる苦しみから逃れる一つの道は、「社会への適応」なんてどうでもいいことだと思い直すことでしょう。たまたま自分に合った職場ではなかっただけのことで、「社会に適応しない自分」に問題があるわけではないのです。

ところで私は、「社会」のことをわかっているかのような口ぶりで書いてしまいました。しかし、相談者さんが、自分を受け入れたり受け入れてくれなかったりするとおっしゃっている「社会」、自分が適応できたりできなかったりするとおっしゃっている「社会」とはそもそも何なのか、実のところ、とても曖昧なのです。「社会」という日本語は、明治時代に欧米語（たとえば英語のsociety）の翻訳語として創られた言葉ですね。さらにその後の日本の歴史のなかでさまざまな意味が付加されてきたために、「社会」は多義的な言葉なのです。ただそのなかでも、「社会人」とか「女性の社会進出」という言い方に現れているように、経済社会（あるいは労働社会）、ひいてはとても日本的な会社社会という意味が優勢です。この意味で、仕事にたずさわっていない子ども、女性、障がい者、高齢者たちは、「社会」の外側ないし周辺にいる存在とされるのです。そして、相談者さんの念頭にある「社会」も、そういう意味での「社会」ではないかと思われます。職歴や仕事のことが不安の源になっているようですから。ただ、それはあくまで「社会」の一つの意味にすぎないと思います。そもそも、人生の豊かさが就職や労働のみに還元されるのではないし、「『人はパンのみに生きるにあらず』という言葉もあるように、生きる基盤と引き換えに心が破綻してしまっては本末転倒、生きていけません」（22歳からの活動家さんの回答から）。仕事だけが「社会」ではなく、仲間とともに演劇に夢中になったこと、納得はできないけれど助言してくれる友人がいること、こうやって誰かへの相談文を書いていること、これもまた「社会」なのだと思い直してみてはどうでしょうか。

（耳順くん）

●
考えるための
言葉

「私たちはいわば二度この世に生まれる。」
＊ルソー　『エミール』

Q2

一八歳で人生の先が見えました。

高校生活の三年間は、自分の人生が自動的に決まっていくことを確認させられていく期間なんじゃないかなと思います。学校の先生は、目標をもって生活し、自分の夢を叶えるために努力しなさいとしょっちゅう言いますが、白々しくて聞いていられません。自分で何かを選んでいくというよりは、自分の努力や能力が足りないせいで断念させられて残ったものにたどり着く、というのが本当のところなんじゃないですか？

僕が商業高校に通っていることだって、別に商業を勉強したかったわけではなく、たんに学力的にその学校しか合格できそうになかったという理由で入学しただけです。これだって、自分自身の力のなさを思い知りながら諦めた結果の選択です。そんなわけですから、とくに卒業後の進路も考えていません。とくに勉強が好きでもないので、漠然と就職かなぁと思うくらいです。しかも、工場が多いこの地域では、せっかく商業の勉強をしても製造業に就く人がほとんどです。

その先輩たちは、決まって職場の人間関係の悩みや仕事の辛さの愚痴を言いながら、毎日耐え忍んでいるようです。すぐに仕事を辞める先輩も多いですが、結局は派遣なんかに再就職して同じ悩みをくり返しています。つい最近、その一人の先輩が来校して、嬉しそうに「できちゃった結婚」の報告をしている姿を見たとき、僕も幸せな気持ちになった反面、「あぁ、こうして人生ってお定まりのコースに当てはまっていくんだなぁ」と、なんだか悟った気になりました。そして仕事や育児に疲れて、歳とって……。

家族や先輩の姿を見るにつけ、そんな無限ループみたいな人生の先が待っているのかと思うと、とっても重苦しい気分になります。

（一八歳・高校生・男性）

A

覚悟を決めて、人生ふりきってみてください！

もし、私の周りの大切な人が同じことを考えているとしたら、自分を大切にしてほしい、ということを伝えるしかないのかなと考えながら、何度も相談文を読み返しました。

いちばん気になったのは、周りの人の人生や環境に、あなた自身の人生の価値観を委ねすぎてしまっているのではないか、ということです。もちろん、気になることはよくわかります。だけど他の人の言葉は、それとして聞いておいて、なにより大切なのは、それを聞き「白々しい」と思ったり、「重苦しい気分」になったりしている自分自身のことを考えることではないでしょうか。

私は、大学時代に教わっていた先生に、「あなたみたいな考えの人は、この社会では生き残れないわよ」と言われて、なんだかとても言葉にならない悲しい気持ちになったことを、いまでも覚えています。そのときからもう一〇年以上経って、いまではその先生が私に言わんとしたことも想像がつくのですが、でも私は、先生が言う「この社会」で生きていこうという考えが毛頭ない人間である確信に至りました。もちろん、その先生はある種の「思いやり」で言ってくださったようにも思うのですが、その先生の見えている世界が、この世の中すべての世界であるなんてことはないと、いまは自信をもって言えます。

ただ、周りの人が指し示す「世界」と異なる世界で生きようとすることは、時として、ある種の「努力」を必要とするものなのかもしれません。考えなしに周りの雰囲気を読み取るようにして生き

●
考えるための
言葉

「時が流れるだって？　ちがうちがう。時はそのまま、去っていくのは私たち。」

＊ドブソン（詩「時の逆説」）

て、自分の行動の理由づけに他人の行動や言葉を借りているほうが、楽な面もあるのだと思います。もし、そのようにして、どうにかやっていけちゃうのであれば、それも一つの生きる道かもしれません。でも、あなたは、そうしたくない自分に気がついているのだと思います。だとしたら、本当に「自分を大切に」生きてほしいと思います。おそらく、本当の意味で自分を大切にしはじめたら、「先は見えなくなる」でしょう。人は変化していくし、自分自身の声に耳を傾けて生きていけば、そのつど心を痛めたり、嬉しい気持ちになったり、さまざまなことを経験したり選択したりして、それを自分自身の決断として受け入れていかなくてはいけないからです。

私は、自分の意志のある決断の先には、必ず意味のある出会いやかけがえのないものが待っていると信じています。高校生のあなたに希望を失ってもらいたくない、多少苦しいことがあっても、あなたらしさを失わないで生きてほしい――これがいまの私の正直な気持ちです。

また、あなたの周りにいる「無限ループみたいな人生」を生きているように見える先輩たちについてですが、その人にはその人にしかわからない、幸せや哀しみがある人生を歩んでいるのだと思います。また、どんな道を選んでも、自分には自分にしかわからない、幸せや哀しみがあります。あなたの言うとおり、すべてを思いどおりに選べないとしても、どんな幸せや哀しみを自分の人生で引き受けたいのか、引き受けられるのか、その覚悟ができると、先輩方の人生もまた違って見えてくるのではないでしょうか。

自分を大切に生きると、一部の人からは心底理解されない苦しみも経験したり、ちょっとした「おバカさん」呼ばわりされたりすることもあります。だけど、覚悟があると、それも乗り切ることもできます。

ここで一度、人生ふりきってみてはどうでしょうか！

（えほんの虫）

A

怒りがうまく表現できる日がくることを願っています。

私は、あなたが白々しく感じる言葉を発している教員の一人です。正直に言って、あなたが感じる日々の白々しさを越えて、私の考えを伝えようとすることは気が重いです。この文章の内容が心に届くか自信がありません。むしろ、私の二〇年近い教員生活から言うと、いまのあなたに私の言葉など届かないとわかっているのですが、あなたの将来に変化が訪れることを願って伝えようと思います。

私はあなたの相談文を読んで、あなたが感じている白々しさにとても興味をもちました。そして、白々しさを前面に出して、わざと無気力や諦めを装っているのではないかと思ったのです。こういう悩みを語れる人は、いろいろな現実に直面して気づいていることがたくさんあるのではないか。そういった気づきが語られているように感じたのです。

まず、あなたが気づいていることに、あなたと同じ年齢の頃にいまの暮らしを完全に予想していた大人なんかいない、ということがあるのではないでしょうか。ですから、たった三年間の高校生活での取り組み方しだいで、あなたの長い人生が決定されると聞かされても、鵜呑みにはできないのです。身近な大人からあなたにかけられる言葉や助言は、彼らが心底からよかれと思っているものでしょう。しかし、それらが高校卒業からの数年間を見据えた時限爆弾的なものだと、あなたは知っているので

●
考えるための言葉

「太陽に向かって飛ぶんだよ。太陽には届かないかも知れないけど、少なくとも地面は離れられるよ。」
＊ハーストン（インタヴュー）

す。自分の人生さえ予測できなかった人の助言を受け入れてまで、あなたは将来を決めたくないのです。

高校卒業後すぐの進学とか就職とかは、学校でうまくさえやっていれば解決できるということにも気づいているかもしれません。多少の運もあるけれど、進学や就職への合否は学校という場で求められる言動で決定されます。そういう現実をたくさん見てきて、その現実が本当に受け入れがたいのだと思います。誰かに決められた枠のなかに自分の人生をはめてしまった気持ちになるのかもしれません。それに対して、人生は枠にはめることができず長く辛いものらしいことにも、あなたは気づいていますね。それを、「無限ループ」という言葉で表して揶揄（やゆ）しているのではないですか。実は、あなたは、人生とは「無限ループ」ではないと知っているのではないでしょうか。

あなたにとって受け入れがたい現実ばかりが目について、気づいてしまうのですね。その現実と同時に、これからどうなっていくかわからない社会の仕組みや制度が強固にあなたの将来に立ちはだかっていることでしょう。また、最近は大きな災害やテロなどもあって、誰にとっても予測不可能な人生が待っていることも感じているはずです。そういう予測不可能な人生を、何かに従うことで解決できるように語られることに、強い怒りがあるのです。怒りは、ある程度を超え解決の方法が見つからないと、無気力や諦めに代わるものです。あなたが感じる白々しさの根源には、いくつもの怒りと、怒りを超えた無気力や諦めがあるはずです。

周りの同世代の友人やあなたを理解してくれている人は、あなたが白々しさの末にとっている態度や行動を受け止めてくれていますか？　先日、一緒に旅行した私より若い世代の友人が、「外国の友人に会うときは気が楽だ。突然会えないことになっても許してくれる。気が合うと思っているはずの友人と過ごすのにも、どうして日本では窮屈なのか？　日本では、友人と過ごすのにも決まりごとが多い」と言っていました。若い人たちが友人関係でさえ決まりごとに従い合うことで保っているとするなら、あなたの相談内容は解決されないし、より大きくなると感じます。ですから、あなたの感じている白々しさが、窮屈ではない友人関係や理解者のなかで共感されて、無気力や諦めでない新しい行動へと移されることが願いなのです。

（かつては冒険家）

人生は先回りして見抜けないのです。

論理的に考えてみましょう。一八歳で見えた人生とは、あなたが一八年間、自分の人生でやってきたか経験したことです。ところが、人間の人生を考えるときに、きわめて大事で、かつ神秘であるのは、あなたが仮にどんなに勉強し、いかなる情報を集めたとしても、これからあなたが現実の人生のなかで出会って学ぶことのほうが、はるかに多いという単純な事実です。あなたがこれから七〇年あるいは八〇年にも及ぶかもしれない人生のなかで出会うものは、あなたがいままで見てきたものよりもはるかに多様で、新たな未知に満ちているのです。いま、仮に人生について一〇知っていたとしても、これから出会うものは、一〇〇〇はもちろん、優に一万を超えるでしょう。ならば、たった一〇の情報で、一万以上の情報と経験の世界をどうやって判断できるというのでしょう。つまり、予測したって当たりはしないのです。だから人生は、自分が計画を立てたってそのとおりになることはほと

考えるための言葉

「純粋さとは、汚れをじっと見つめうる力である。」
＊ヴェイユ『重力と恩寵』

んどないし、そうなったとしても、それで幸福かどうかわからないのです。

というわけで、人生はそもそも先が見えないものだと言い切っていいのですが、どうしてあなたが「先が見えた」と感じたのかを考えてみましょう。ことによると、あなたは、いままでの人生をあまり変化のない環境のもとで送ってきたのではないでしょうか。ためしに、ちょっと違う土地に引っ越して暮らしてみるとわかります。一日の生活時間の使い方も、人間関係も、食べるものさえ、すっかり変わってきます。

私は高校を卒業してから、一人で東京に出てきて単身生活を始めた瞬間、その生活のあまりの違いに身ぶるいがしました。それまでは、家にいれば自動的に（と言いたくなるほどに）食事が用意され、洗濯も自分でやるなんて考えたこともありませんでした。家では当時、洗濯機が入っていたのですが、下宿してみたら、洗濯機なんて便利なものはない。仕方なく洗濯板でごしごし洗ってみたら、肝心の衣類を洗うよりも自分の手の皮膚を、洗う側の爪でばりばりと剥いでしまったことを、いまでもよく身体で覚えています。

だから、実際に自分で生活を始めてみれば、世界は恐ろしくなるくらいに、不安と予想のつかないことに充ち満ちています。ご心配なく！

ただ、先が見えてしまったように感じる理由は、実は別のところにあるように思います。それは学校教育です!!　いまの学校教育は根本的に問題があります。生徒を受験能力という観点から、一段一段ふるい落としていくようなシステムになっているのですから。自分が何が好きかを最初に見つけさせて、その能力を伸ばすのではなく、まずは、いまの社会に必要な学力だとするものを（本当に必要なものかは大いに疑わしいのに）、ひたすら記憶し、分析し、適用できるかどうかに、ほとんど教育の関心が向けられているのが実情です。とくに、受験教育競争のシステムを受け入れている現状の学校の仕組みはひどいですね。

そもそも、現状の試験システムが測ろうとする能力は、大半が教科内容を記憶し、分析して、応用できるかどうかのレベルにすぎないのです。ところが、そうした能力は、実社会で求められる能力のほんの一部でしかない。さまざまな状況のなかで柔軟に対応できる能力、いろいろな人たちとやりとりしながら意見を出したり合意をしていく能力、言いかえればコミュニケーション能力。これらはとても重要なものですが、そのような能力は、とりわけ現状の試験ではいちばん測定しにくいものです。さらには創造性。いままでの知識や状況のなかでは存在しない新たなものを考え創り出す能力は、もっとも重要なものの一つですが、それもまた、ほとんど学校のシステムが関心を寄せていないものです。というわけで、実は社会に出てみると見えてくるのですが、学校で行われる選抜などは人間の能力の一部を測るものでしかないのです。

だから、「先が見えた」ように感じるのは、学校教育の枠にあなたの能力を押しこめて、それがあなたに自分の能力はこの程度のものと思わせているからなのだということを、しっかり胸に刻んでください。

あなたしかない能力は、あなたが自分を大切にして、自分を探すことから始まるのです。そうすれば、いかに自分の可能性が無限なのかに気がつきはじめるはずです。そのとき、人生は先の見えるものではなく、山あり谷ありの波瀾万丈の人生として現れてくるのです。


（人生実験くん）

●考えるための言葉

「自分自身を変えられなくて世界を変えることが果たして可能だろうか。」

*リアドン『性差別主義と戦争システム』

Q3

生活のなかで満たされるというのは、どういうことなのでしょうか？

私は、主たる生活の場をカナダに移しました。カナダでの生活は私を解放してくれた一方で、永住ビザがないため、現在の状態は長期滞在の旅行者という括りです。学びたいことがあっても学校に行けないし、意欲があっても働くことができません。

カナダは市民のボランティア活動が盛んな国です。イベントやフェスティバルに関わるスタッフの多くはボランティアでまかなわれています。ボランティア経験は就職のさいにも影響を及ぼします。履歴書にも記載し、職歴と同等の扱いを受けることができます。将来を考えてという理由だけではないのですが、就学も就職もできないので、もっとも興味のある日系移民に関するボランティア活動を始めました。

しかし、ボランティアだけの日々に、「私は何をやっているのだろう？」と満たされない気持ちが湧きあがってくるのです。日本の生活では普通にできたこともできず、「カナダでは人間として扱われていないのではないか？」という不安もつきまといます。また、ボランティアでは成果を賃金で確認できません。自分の日々の活動を数値化して確認できず、「私は何をやっているのだろう？」という漠然とした不安が、よりいっそう強くなって私を襲ってくるのです。

日本にいた頃はどうだったかというと、馬車馬のように働いて、一定の収入を得ていました。数値化されてはいましたが、心身ともに疲れ果てていました。いまと同じように、「私は何をやっているのだろう？」と思うこともしばしばあり、生活が満たされていると感じることはありませんでした。

私の生活は常に満たされず、何か枯渇しているのです。みなさんは生活のなかで、枯渇した自分の感情に気がつくことはありませんか？　枯渇した感情に気がついたとき、どのような形で生活を満たしているのでしょうか？

（四〇代・女性）

A

近い将来、心に芽吹く小さな芽を見落とさないように！

私は二〇年近く、高校生に植物の栽培を教える仕事にたずさわってきました。自分たちが蒔いた小さな種から、小さな芽が畑に出て並んでいるのが見えてくると、どんなに栽培に興味がない生徒でも感動を覚えてくれます。そういう光景を二〇年間見てきました。

教えるということには多くの人が関わるので、自分の意見や考えが人と合わず、すべてを投げ出してしまいたくなるようなときもたくさんありました。しかし、人との関係とは別に、自然のなかで行う植物の栽培は、一日たりとも今日も同じだったと感じたことはありません。植物と関わるなかで日々の小さな発見があること。それが、今日まで私が仕事を続けられてきた一つの理由かと思います。取るに足らないような小さな発見の連続の一方で、実は、植物の栽培は「漠然とした不安」の連続でもあります。庭で花を育てたり、家庭菜園で野菜を育てたりしたことのある人なら、きっとこの不安をわかってもらえることと思います。

たとえば、家庭菜園で野菜の種を蒔くとしましょう。まず、種選びから気を遣います。たくさんある種のなかから、どの種類を選ぶか？　素人が調べたところで、条件のよい種を見つけることはとても難しいものです。最後は色や名前から選んでいるでしょう。「耐病総太り」（ダイコン）、「湯あがり

●
考えるための
言葉

「自己疎外ではなく、世界疎外こそが近代ならではの特質だ。」
＊アーレント　『人間の条件』

娘」（エダマメ）などは野菜の品種のいい例です。名前だけで、収穫の日の様子が想像されます。

ダジャレの種選びが終わり、種を蒔いても、発芽するまでに気をもみます。雨が降るか？　降らなければ発芽しにくく、降ったところで降りすぎれば種が流れてしまったり、腐ったりすることもあります。エダマメのような大きな種は、発芽するまでに鳥にやられないかも心配します。自然条件の下でどのくらい発芽するか？　種の袋に発芽する割合が書いてあるので計算はしますが、計算したところで、正確な発芽数は芽が出てくるまではわかりません。このように発芽だけでも、いくつもの不安があります。そして収穫の日を迎えるまで、このような「漠然とした不安」はずっと続きます。

ところが面白いことに、この「漠然とした不安」の連続のなか、「次（来年）は何を育ててみようか？」「もっとよく育てるには、次にやるときはどうしたらよいだろう？」という気持ちが自然と起こってくるのです。収穫への不安も常に抱えてはいるのですが、なぜか次（来年）の栽培のことを考えはじめてしまうのです。私は花の栽培を主に行っていますが、花の栽培でも同じです。今年の花が開花するよりずっと前から、次（来年）の花のことを考えてしまうのです。

植物と関わっていると、「漠然とした不安」とのつきあい方が少し見えてくるように思えます。それは、忙しい生活のなかで忘れがちな四季の移り変わりや時間の流れのことを、私たちはもっと感じながら生きる必要があるのではないかということです。私の教えてきた生徒たちも、あわただしい社会から切り離された学校生活では充実した時間を過ごせても、卒業後にはただただ疲れ切ってしまいます。職場が大自然にあっても、与えられた仕事のなかでは、どんな風景を見ても心がピクリとも動かなくなってしまった、と教えてくれた卒業生もいました。

相談者のあなたは、数値化の評価の下で働き収入を得ていた生活では、実は心がピクリともしていなかったのではないでしょうか？　数値化されておらず、「漠然とした不安」が常につきまとうかもしれませんが、自分の感情を解き放ったなかで行っているボランティア活動のほうが、きっと次へ向かって生きようとする、あなたらしい姿ではないでしょうか。ただの小さな塊のように見える種でさえ、ひっそりと息をして発芽を待っているのです。きっとあなたの心も、ずっとそういう状態なのではないでしょうか？　ですから、「漠然とした不安」を感じるのは次のステップへの過程だと思って暮らしてほしいのです。

（かつては冒険家）

A

白黒つけずに、自分なりのバランスを見つける努力をしてみてください。

「漠然とした不安」とどうつきあっていくのか、それを前の回答のように植物を育てる世界から眺めることもできるのですね。たしかに「不安」は、私たちの人生とは切っても切り離せないものだと思います。その「不安」とどう決着をつけるのかが、私たちの人生の核になると言っても過言ではないでしょう。さらに、現代に生きる私たちの人生の選択肢は多岐に及び、社会は複雑になりつづけています。あなたのように国の外へ出て生きていく生き方も珍しくなくなりました。では、無限の選択肢に比例して、「不安」を抱える人生の解決策も多くなっているのかというと、実はそうではないように感じています。

私自身の決着の仕方を考えると、あなたのような日本での「数値化された満足」にも、カナダでの

考えるための言葉

「自己を失うということこの最大の危険が、世間では、まるでなにごとでもないかのように静かに行なわれる。」

＊キルケゴール　『死にいたる病』

「精神的な満足」のどちらにも偏らず、どちらも手にしていないような、しているような状態です。どちらのことも軽視しすぎたり、重視しすぎたりしていない状態とも言えるかと思います。たとえば仕事については、十分満足する給料や待遇は得られていないけれども、一応食べられてはいる。仕事内容や同僚との関係、休暇時間の保証など、不満はあれど、精神的に呼吸できる空間も確保できている。このような状態です。

この状態に落ち着くには、数年の時間を要しました。一時は将来に対する「漠然とした不安」から、二〇代半ばで、就きたくはない仕事に「数値化された満足」（主に給料と待遇）を求めて転職する決意をしたことがあります。ただ、頭のなかでその決断をした瞬間に、自分でも驚いたのですが、本当に世界が白黒に見えたんです。よく、小説やアニメの世界で「ガーン……」ってなっている様子を思い浮かべられるかと思うのですが、冗談抜きでその瞬間、私の視界すべてが色を失くして見えました。植物も食べ物も、人の表情も、すべてコンクリートのように見えるのです。そこで私は、すぐに直感しました。私は、「精神的な満足」抜きでは、生活することができないのだと。私の友人のなかには、仕事と私生活を器用に分けて生活できている人もいます。私はいまでもそんな人に密かに憧れています。でも、人生の長い時間と労力を費やす仕事を、「数値」だけで選ぶことは、私にはできなかったようです。そこで、その考えはすぐに諦めると、私の世界にはまた色が戻ってきました。そして現在は、さっき書いたようなどっちつかずの状態にあります。

どうして、いまのような状態に落ち着いたのかというと、世界が白黒の世界に見えた後、友人が「生きるっていうのは、白と黒の間のバランスをとろうとしていくことなのだ」と話してくれたからです。白黒の世界は、ある意味、落ち着いて見えるけれども、私は不安でもやはり色が見える世界でどうにか生きていきたい。現在も模索の最中ですが、この点には納得しています。あなたは、いまはまだ「白」か「黒」かの世界のなかにいるのかもしれません。そこからあと一歩、自分なりの「色」を見つける努力を続けてみてください。カナダまで飛び出した勢いから、あなたは相当ガッツのある方だと思いますので、必ず自分なりの「バランス」にたどり着けるかと思います。

（えほんの虫）

Q4

本当に実感できる「幸せ」とは、どうやったら手に入るのでしょうか？

いわゆる大企業に営業職として勤めています。勤めはじめて二年目になった頃から、会社の寮と仕事の往復で、自分の生活が仕事一色になっていくことに気がつきました。もちろん、仕事に興味をもってやりがいを感じられたらいいのですが、そうは思えない自分がいました。そこで、休みを利用して海外旅行に出かけ、自分のいま生きている日常とは違う世界を見て、なるべく視野を広くもとうとしたり、気持ちを切り替えたりしながら、ここまで仕事をしてきましたが、一時の気休めでしかありませんでした。上司に頼んで、同じ会社の違う部署に異動させてもらったこともあったのですが、やはりやりがいとはほど遠いです。転職も考えましたが、安定したいまの会社の条件を捨ててまで移るような冒険をする勇気もないですし、第一どんな職種で働いても同じかもしれません。ただ、いまの職場で長く勤める独身の女性を見て、自分の一〇年後、二〇年後を想像すると、正直あんなふうになりたくないと思ってしまいます。なんだか凝り固まった人生を送っているように見えるのです。このままそんなふうにならないようにするには、やはり結婚をして子どもをもち、家庭生活を送

●考えるための言葉

「自由な人間は何よりも死について考えることがない。」

＊スピノザ『エチカ』

ることしかないのではないかと考えています。そのためには、婚活も始めなくてはいけません。
他の人から見れば、いまの自分の生活は、経済的にも十分恵まれていると思うし、「幸福」な人生なのだと思います。ただ、このままの生活では、仕事に呑みこまれて、自分の人生がなんだかよくわからなく思えてきます。時折、朝からシャワーを浴びていると心が重たくなって、涙が出てきます。同世代の友人は、仕事も結婚も充実させているように見えます。自分が本当に実感をもてる「幸せ」は、どうやったら手に入るのでしょうか。

（二九歳・会社員・女性）

幸も不幸も、すべて自分が選択してきた結果だと受け入れるところから始めてみてください。

相談文なのに、なんだかちょっとうらやましくなってしまいました。同世代の同性の悪いところでしょうか、自分と比較してやっぱり自分にないものを探して、自分より恵まれている相談者さんを、うらやましいと思ってしまいます。「悩む必要ないじゃん！」と言ってしまいそうになるけれど、そんなわけにはいかないですよね。まず、何がうらやましいかというと、安定した仕事に就いて海外旅行にも行く余裕があるところです。

私は、幼いときに近所の家のなかでは比較的大きな家に住んでいて、父親が高級車に乗っていたので、近所の人から「〇〇さん家の娘さんは、お父さんが社長さんで幸せね～」と言われつづけて育ってきました。でも、母は大変な倹約家で質素に暮らし、贅沢な生活など送ったことがありませんでした。そのうえ両親の喧嘩も絶えなかったので、「幸せな生活」とはほど遠いと感じていました。ある日、道の端っこに立っていた看板に「小さいけど、大きな笑いの、楽しい我が家」という近所の小学生のつくった標語を見たとき、あまりに自分の家とは正反対で、涙が出そうになったことを覚えています。そして、心のなかで「大人になったら、矛盾のない、身の丈にあった暮らしがしたい」と強く思ったものです。それが「幸せ」だと、そのときは強く思っていました。

そして、大学を卒業し、仕事に就いて一人で生活し、父も亡くなって、自分が思っていた「身の丈の暮らし」になりました。ある日、久しぶりに母と近所のスーパーに買い物に行くと、母は近所の人と世間話を楽しんでいます。私が「お母さんはいつも、スーパーでも楽しそうでいいね」と言うと、母は「昔はよく、『こんな安売りスーパーで買い物しなくても、お金あるでしょ』とか、変な冗談言われたりしたこともあったのよ」と言いはじめました。私は、母もそんな言葉をかけられていることを、二〇年以上経って初めて知り、たいへん驚きました。さらに、「お父さんは派手好きだったけど、お母さんはそういうの好きじゃないから、周りは変に見る人もいるけど、人のことなんてわからないもんだからしょうがないでしょ」と言い放ったのです。それを聞いて思ったのは、たとえば経済的に恵まれているとか、いないとかいうことが重要ではなくて、その人自身が納得して選択しているのか、そうじゃないのかが大事なのだということです。幼い頃の私は、周りの人からかけられる言葉を気にしすぎて、それが自分を不幸にしていたのではないか、いまはそう考えるようになりました。

なので、相談者さんに声をかけられることがあるとすれば、幸も不幸も、いまある現実をすべて自分が選択してきた結果だと受け入れて、そこから改めて自分で選択しはじめることでしか、「幸せ」になる実感は得られないのではないかということです。周りの目や言うことを気にせずに、自分が納

●
考えるための言葉

「人の行為は何か自由の輝きをもたないと、優美でもないし、名誉でもない。」

＊モンテーニュ『エセー』

得する選択を今後一つひとつ重ねていくことで、「幸福」でもあり「幸せ」な、あなたに近づけるのではないでしょうか。もう一つ、一度仕事を辞めてみて、そこから新たな「選択をしていく」荒療治も考えられますが、誰にとってもそれは厳しい選択ですし、相談者さんには向いていないように思うので、あまり強くはおすすめしません。

（えほんの虫）

失ってわかる「幸せ」もあります。まずは、いろいろ失ってみましょう。

人もうらやむ人生コースを歩みながらも満たされないとは、お悩みの根が深そうですね。世の中、求めるものが手に入らずに苦しむ人のほうが圧倒的多数ですから、望むものを手にしてきたにもかかわらず満たされないというあなたのお悩みは、なかなか他の人に理解されない苦しみもあるでしょう。でも、ご安心ください。あなたのお悩みは、実はかの有名な仏陀が悩まれた悩みでもあったのです。

シャカ族の王子として生まれた仏陀は、まだゴータマと呼ばれていた若かりし頃、豪勢な食べ物や衣服はもちろん、季節ごとに住める立派な大邸宅があったり、大勢の従者に囲まれるなど、欲しいものは何でも手に入る生活を送っていたそうです。けれど、なぜか彼はいつも満たされません。あるとき、いつものように宮殿で女官たちが、さまざまな楽器を奏でて踊り、歌いながら彼を楽しませようとしていると、彼は眠ってしまいます。すると、彼女たちもそばで眠りこけてしまうのですが、ふと目が覚めたゴータマが、その眠りこけた女官たちのあさましい寝姿に、「なんて悲惨な光景だろう。まるで墓場だ」と悲嘆に暮れてしまうのです。人間というやつは困ったもので、望むものが手に入らないときはもちろんのこと、手に入っても心が満たされないことを性(さが)としているようです。

ゴータマさんの場合、ここから妻子を捨てて出家し、修行することで悟りを開こうとしますが、あまりに過酷な苦行を重ねすぎて、死ぬ一歩手前までいってしまいます。そこで彼は、快楽に耽(ふけ)りすぎても苦行を重ねすぎてもダメだという境地に至り、「ほどほどがいいね」と悟りを開くわけです。とはいえ、この「ほどほど」を認識できないのが、真に人間の難しいところです。

現在の日本は、世界史上これほどモノに恵まれた社会はないというほど豊かです。一人ひとりの生活水準の高さは、世界の三人に一人が戦時下で暮らしているとか、五人に一人が一ドル未満の生活を強いられている現実があることを考えれば、いかに夢のような社会であるか言うまでもないでしょう。にもかかわらず、日本社会は幸福感が低いとの指摘もあります。世界に紛争地帯がいくつあろうと、自分の満たされなさは別問題。所詮、幸福は主観的なものなのだから、他人の苦しい現実とは関係ないのさ。そんな声が聞こえてきそうです。いったい、どこまでいけば人間は幸福感を満たせるのか。これが人間にとって最大の悩みのもとなのかもしれません。

そもそも、幸せって何でしょうね。その定義はいろいろあると思いますが、東日本大震災を経験した後で僕が思うのは、「幸せは失ってはじめてわかるもの」だったり、「後から振り返ってみてはじめて気づくもの」ということです。つまり、その瞬間その瞬間の幸福「感」は自覚できるけれど、それが真に「幸福」だったかどうかなんて、失ってみなければ、あるいは終わってみなければ知りえないのが人間なのではないか、と思うのです。震災・原発事故で被災した友人知人は、しばしばこのことを口にしていました。とりわけ、津波で家族を失ったある人が、家族との何気ない日常のやりとりが

●
考えるための言葉

「『私』というものの唯一性は、人間のなかにある思いがけなさにこそ隠されているものである。」
＊クンデラ『存在の耐えられない軽さ』

いかに大切なものだったかを痛感させられたと語っていたことが、いまでも心に残ります。

逆に、失ってみてはじめて、言われるほど不幸にならないことに気づかされたこともあります。原発事故が起きた後、首都圏では時限停電や節電が進められましたが、電力がなくても生活は十二分にやっていけることは誰もが感じたことではなかったでしょうか。原発事故以前には、あれだけ「原発がなくなると生活は成り立たない」と警鐘が鳴らされてきましたが、事故後に国内の原発がすべて停止しても、私たちはいつもの生活を送ることができています。むしろ、いまだに都会では、無駄としか思えない煌々（こうこう）とした明かりが灯されっぱなしです。

わかっちゃいるけどやめられない。いったん所持してしまうと、なかなか手放すことができない愚かしさのもとを、ゴータマさんは「執着」と言いました。僕はケータイ電話をもっていないのですが、周囲からは意外にも「もたないほうが煩わしくなくていいよね」と言われることが少なくありません。ならば、みんなもたなければいいのにと思うのですが、どうも、いったん身につけると手放せないのが人間の性（さが）のようです。むしろ、人間は手に入れたとたんに、自分を納得させるために幸福だと思いこむ性向があるのかもしれません。しかし、その幸福感はふくれあがっても、けっして満たされることがない虚しいものです。それが苦しみのもとなんだ。ゴータマさんが言いたかったのは、このことです。たぶん、相談者のあなたも、そのことにうすうす気づきはじめているのではないでしょうか。

でも、実際には難しいですよね。一度手に入れた安定や世間がうらやむものを捨てるなんて。でも、あなたが、本当にそれが幸福のもとなのか実感したいのであれば、新たに欲望を満たすものを手に入れるのではなく、逆にこれまで手に入れたものを少しずつ捨てながら、幸福を吟味していく必要があるのかもしれません。とはいえ、いきなり出家したり仕事を辞めたりするのも無理があります。僕の場合、震災で車を失って以来、それまで「もっていなくちゃいけない」と思いこんでいたモノが、実はほとんどなくても生活はやっていけるということに気づかされ、結果的に壊れたら買い替えたりしなくなっています。すると、妙なもので、どんどん捨て去ることのほうに快楽を覚えはじめるものです。断捨離なんて流行っていますが、モノが飽和状態にあるこの社会で、そうした風潮が広がるのも当然な気がします。

実は最近、僕はこの断捨離を人間関係にも適用しはじめています。年賀状を出すことをやめたのです。すると、わが家にくる年賀状は年々減りつづけ、おのずとつきあいが激減していきます。なんて、ひどいやつなんだ！ と思われるでしょう。実際、周囲にもそう言われています。でも、こうすることで、以前と変わりなくつきあってくれる人と、社交辞令的につきあっている人がわかってくるものです。フェイスブックやツイッターなどのSNSの発達は、人と人との結びつきの拡大をもたらしましたが、その過剰なつきあいに疲れたという悩みを抱く人も少なくありません。その点で、社交のスピードを落とすためにも、意図的な人間関係の断捨離が必要な時代でもあるのです。

結局、ゴータマさんが家族を捨て去ったというのは、究極の断捨離だったのでしょう。失ってはじめてわかるありがたみもあります。もちろん、なくしてやっぱり後悔することもあるでしょう。それでも、幸福を実感してみたいというのであれば、後悔することも込みで、「一度失ってみる」というやり方で確かめるのもアリなのではないでしょうか。

（田舎の世界市民）

……………………………………………………

●考えるための言葉

「誰も自分の影を跳び越えることはない。」

＊ハイデガー　『形而上学入門』

A

「幸福」は、どうにかして手に入るものではないと思います。

相談者さんは「幸福」ではありません。おそらくご本人も、「実感をもてる『幸せ』」とおっしゃっているので、わかっているかと思います。「幸せ」だと実感できない生活は、「幸せ」ではないのです。そして、自分は幸せではないのだとはっきり認識したほうが、少なくとも余計な〝もやもや〟はなくなる気がします。「家族や仕事に十分恵まれていると思う」というのは、他人との比較や社会が提供する幸福物語に従ったとらえ方でしょうが、それは、こんな恵まれた生活で幸せだと感じないのは、自分の考え方や感じ方に問題があるんじゃないかと思わせることになるからです。そうやって、自分の思考や感情を否定的にとらえていくと当然、「自分の人生がなんだかよくわからなく」思えてきます。ですから、「心が重たくなって、涙が出て」くることは、自分の思考や感情の正直な現れとして、とてもよいことではないでしょうか。

さてそのうえで、ご相談の『幸せ』は、どうやったら手に入るのでしょうか」について。私自身は、「幸福」や「幸せ」は「手に入る」ものではないと考えています。それは、誰も幸せにはなれないという意味ではなくて、幸福は手に入れる目標のようなものではないという意味です。よく知られた日本昔話の「花咲じいさん」は、幸福を手に入れようとして、飼い犬のポチを弔ったり、ポチの遺産とも言うべき木から臼をつくったり、その臼が燃やされてできた灰をまいて枯木に花を咲かせたわけではありません。幸福を手に入れようということなら、隣の欲深く意地悪なじいさんのほうが、よっぽどがんばっているのです。そして、花咲じいさんは思いがけず祝福され、意地悪じいさんは思いがけず災いに見舞われたのでした。このように、「幸福」は賜物（たまもの）のように降りかかるものなのではないでしょうか——「不幸」も災いのように降りかかるものですね。かつてルソーやカントという哲学者が、「人はつねに自分の幸福を望むものだが、つねに幸福を見分けられるわけではない」と言いましたが、そのいちばんの理由はここにあると思います。ですから、あくまで私の幸福観ですが、「幸福」とは「こうすれば手に入る」とは言えないものなのです。だとすれば、「自分は幸福なのか不幸なのか」とか「自分は満たされているのかいないのか」などという「幸福」へのこだわりを捨て、ただ自分に正直に、やりたいことをやり、やりたくないことはやらないように心がけてはどうでしょうか。それが、幸福や満たされることにつながる保証は何もありませんが、少しばかり心が軽くなるような気がします。

とはいえ、最後に書いたこと「やりたいことをやり、やりたくないことはやらない」が、もっとも難しいことなのかもしれません。自分は何をしたいのか、何をしたくないのか、答えはすぐに出てきそうですが、本当にそうなのかという思いが頭をもたげてくるからです。「周りの目や言うことを気にせずに、自分が納得する選択を今後一つひとつ重ねていくこと」ができればいいのでしょうが（えほんの虫さんの回答から）、それが見えないとすれば、「自分の人生なのだから自分が納得できる選択を」と言われても、途方に暮れてしまいそうです。こうした「自分」という迷路からの抜け道の一つは、「自分」のことはひとまず括弧に入れて、自分以外の「誰か」や「何か」に関心を向けてみることです。誰かや何かは、自分の思いどおりに近づいてきてくれるわけではありませんが、その偶然の出会いがひょっとすると幸福という賜物をもたらしてくれるかもしれません。

（耳順くん）

ソクラテスの提言

「わがまま」に生きるために

1　若さゆえの自殺未遂

私は一九歳のときに、一度自殺未遂をしたことがあります。ガス中毒での自殺を企てたのですが、私の下宿先が使っていたプロパンガスでは都市ガスのように中毒死が難しいのだということを知らずに、惨めにも失敗に終わったのです。そもそも、自殺未遂をしたこと自身が、いろいろな意味で、若さゆえの無知の産物でした。しかし、その無知のおかげで、私は自殺に失敗し、その後五〇年近く生き延びています。そして、このときの無知による自殺の企てと失敗を、心の底からありがたい経験だったと思っています。

どうして自殺を企てたかというと、実に観念的な理由でした。私は当時、自分の能力に絶望していたのです。私がどんなにがんばったところで、歴史を動かすような大人物になれるわけがない。自分がこの世界に命を受けたとしても、この社会に貢献できることなど、どうせ何もありはしまい。そんな自分が、おめおめと、この世界で生き延びることなど価値がない。それが理由だと言ったら、あきれて笑われてしまうでしょうか。でもそのときは、本気でそう思ったものです。

実は、本当のところ、もう一つ理由がありました。

私は、大学でかなり積極的に活発に動きまわっていたのですが、家に帰ると、苦しい思いで毎日生きているのがとても辛かったのです。ちょっとした配慮のない言葉で他人を傷つけたのではないか、私の発言など意味がないものではなかったのか、といった類いの悩みに日々苦しんでいたのです。大学に行くと、周囲の友人は実に楽しそうに過ごしているように見えて、彼らがうらやましくて仕方がなかったのです。だから、なおさら自分の未来が重苦しく感じられて、しかも意味がないと思いこんだのです。

この自殺の失敗の経験は、それまで思いつめてきた自分を大いに反省させ、人生を考え直すきっかけになりました。まずは、当たり前のことだけれど、しかし重要な事実に気がつきました。それまでは自分だけが苦しいと思っていたのだけれど、どうも、そうではないのではないか。本当は、私自身は辛くて挫けそうなのに、周りからは「やつはなんと楽しそうに生きているんだ」と思われるのと、ちょうど同じことなのではないか。多くの友人たちも実は生きるのに精一杯で、やっとの思いで日々を過ごしており、苦しんでいるのは自分だけではないのだ、という思いに至りました。

それと同じ意味ですが、当時の私の最大の発見は、自分が意味のある存在かどうかなどという事柄を自分で決めるのは横柄で僭越(せんえつ)だと考えるようになったことです。しばらく経って、母に自殺未遂の話をしたときに、母がひどく悲しい顔をしたことが、私を変えたのです。そうか、私という存在は、自分が思っていることとは関係なしに、他者にとって重要だったりすることもあるかもしれない。他の人が自分をどう思うかは、相手に聞いてみなければわからないし、私が知らないうちに私をかけがえのない存在と思ってくれることもあるのだ、という当たり前の事実に気がついたのです。

2　人は所属したいと思っているものに自分を預けたくなる

私が大学に入った頃は、不思議な時代でした。入学した一九六七年当時、高度経済成長の真っ只中で、数年もすれば給料が二倍になるかもしれないと言われていました。バブルの頃のように、ゆけゆ

●
考えるための言葉

「ここがロドスだ、ここで跳べ。」
＊イソップ『寓話集』

けどんどんというわけではなかったけれど、なんとなく未来への希望が見えるように思えたのです。

とはいえ、もう一方で、ヴェトナム戦争での生なましい戦場の場面が日々、テレビや新聞で報道され、南の首都サイゴンでは戦争に抗議する僧侶たちの焼身自殺や虐殺の現実が伝えられて、気が気ではなかったのです。戦争に抗議する僧侶が全身にガソリンをかぶり、炎の燃えさかるなかで必死の読経をしながら焼き崩れていく姿を見て、心が動揺しない人は少ないでしょう。

そんな矛盾に満ちた現実のなかで、私たちがどう生きていけばいいのか、その明確な答えは与えられるはずもなく、「世界革命」*が近づいていると確信をもって叫ぶ学生運動が魅力的に聞こえた人びとも多かったと思うのです。

＊　資本主義は強い力で世界の経済と政治を支配しているので、世界中が新しい体制に変革されなければ問題は解決されないし、そういう時期が遠くないという考え。

しかし考えてみるに、これは、いまの若い世代と同じ悩みだったのかもしれません。私たちの世代は、戦後最大の高度経済成長の時代だったから、ほとんどの者は会社に就職して、しっかり働けば、なんとかなるだろうと思っていたのです。その点では、いまの世代とは大違いかもしれません。しかし、そんな生活が心から「幸福」な道だと確信していたかといえば、とてもそんなに楽天的ではなかったでしょう。そうしなければ「ご飯が食べられない」、生き抜いていけないという強迫感が私たちを追い立てていたことは、いまと変わらず同じだったのです。私自身、就職すれば精神を身売りしなければならなくなる、自分の生きたい思いがつぶされていく、という不安をもっていたことは疑いもないのです。たまたま、私が民間会社に勤めることにならなかっただけです。

大きな違いの一つは、当時、社会主義と資本主義*、左翼と右翼**といった対立があったことです。お互いに属していた立場によって、自分たちの側の社会の問題点は棚に上げ、相手側を自分たちより悪いのだと決めつけ（あるいは思いこみ）、自分たちの側の現状を美化する。さもなければ、反対に、自分たちの側の社会を徹底的に批判的に見て、相手側をひたすら美化しつづけたのです。私は、かつて社会主義国だった国々に暮らしたことがあるのですが、庶民のほとんどは資本主義を天国のように思っていたし、逆に、資本主義に苦しむ人びとは社会主義に希望を見ていたのです。

＊　一九八九年に東欧社会主義諸国が崩壊するまで、二〇世紀にはほとんどの政治・経済問題は、資本主義と社会主義のどちらが正しく有効か、という議論に収斂されていた。

＊＊　社会主義を正しく有効だと考えたのが左翼で、資本主義が正しいと考えたのが右翼ととらえてもいいが、本来は、民衆こそ社会の主人公と考えて近代の民主主義を肯定するのが左翼で、国家秩序や天皇や支配者の権威に従うのが正しいと考えるのが右翼と言ってよいだろう。

高度経済成長を生きてきた団塊の世代[*]をはじめ、当時の風潮は、自分とこの世界との折り合いの悪さを、資本主義か社会主義かという二者択一的な問題に解消し、一人ひとりの個人が抱えるどうにも解決しがたい問題を、経済体制や政治的善悪の問題へとすり替えていたのです。

＊　一九四七年から四九年に生まれた世代を中心に、戦後の経済的高度成長と民主主義の理念のなかで成長し、戦後日本を大きく規定した世代。

要するに、生きることの難しさを体制の問題に丸預けし、個人の問題を社会体制選択の問題に還元しようとした時代だったのです。ですから、私が学生の頃には、「昼のマルクス主義[*]、夜の実存主義[**]」という奇妙な言葉が流行っていました。どういう意味かというと、現状の生きにくさを生み出しているもののなかで、社会問題として扱えるような次元の問題はマルクス主義によって解決される（と思われる）が、他方、一人ひとりの個人の生きにくさの問題は実存主義の思想に解決を求め、夜な夜な

●
考えるための言葉

「物の美しさは、それを見つめる心の中に存在する。」

＊ヒューム『人間本性論』

一人で苦悩するというものでした。つまり、私たちが生きている資本主義社会の問題は、マルクスによる搾取の説明と変革の理論に頼るけれど、個人の生きる不安や悩みは、個人の意識のありようや葛藤のなかで実存主義的に解決するしかない、という分裂した姿だったのです。

＊　資本主義の問題点を指摘して、社会主義こそがそれを解決できると主張したマルクスを中心とする考え方。

＊＊　サルトルやハイデガーなどの思想家によって主張された戦後の哲学潮流。身分やあらかじめ決められたものにではなく、自分の決断や自覚によって人間のあり方を探ろうとした。

当時、マルクスの理論は、経済システムの問題としては資本主義社会を見事に分析していて、サルトルという実存思想家によって「乗り越え不可能」と言われるほどに、多くの人びとに説得的に響いたのです。かといって、それで現実の生そのものに十分に説明がついたのかといえば、つかなかったからこそ、「夜の実存主義」が必要だったのでしょう。たとえ社会全体に対する理解をマルクスの理論に依拠したとしても、自分の日々の生活の困難や人間関係の苦しみをそれに還元して解決できるほど、人生は簡単でも単純でもないからです。

もちろん、そうしたごまかしに気がついた人びとも少数ながらいました。そのなかには、学生運動の波がひいた後、環境問題や生協運動、[＊]地域に密着した文化活動などに地道に取り組みはじめる人たちもいましたが、多くが地道であるがゆえに、その試みもなかなか日の目を見ないことが大半でした。こうした人びとの生き方は、自らが選んだ道である以上、苦労があるとしても納得のできる意味ある選択だろうと思います。しかし他方で、この生き方にもなかなか大変なところがあるのです。というのも人間は、決して他人とは交換できない、かけがえのない、一人ひとり固有の人生をもつ存在として、この世に生をうけたにもかかわらず、そのかけがえのなさが他の人に認められるもの、承認されるものでありたいという願いを、いつももちつづけるからです。言いかえれば、人間は誰とも取り替え不可能なユニークな個人でありたいし、そのために自分が正しいと思う道を突き進みたいと願うのですが、それを周りから認められないのはとても辛いことなのです。地道に自分の納得する道を歩むことはすばらしいことですが、それを必ずしも世間が注目してくれるとはかぎらないのです。

＊　生活協同組合運動のこと。企業に雇われて利潤競争に明け暮れるのではなく、さまざまな階層の人びとが自ら消費のあり方や生活、事業などを協同で組織しようとする運動。

はっきり言って、これは矛盾した要求です。自分がユニークな存在であろうとすれば当然、他の人とは異なる存在として、多数派＝マジョリティに自分を預けていては不可能な話です。同時に、他方では、自分のよさ、ユニークさは周りから孤立する危険性をいつもはらんでいます。それゆえ、自分ならではの、かけがえのない存在を認めてもらいたいという要求と、「社会の落ちこぼれ」になりたくないという要求は、対立するとも言えるのです。

だからこそ、現代の多くの人は「幸せ」が実感できなかったり、「人生の先」が見えてしまうように感じるのだと思います。自分が孤立しても、自分の納得した道を選び、充実した人生を生き、「幸せ」をつかもうとするのは、あたかも危険すぎる砂漠や大海原への一人旅に出かけるかのように見えるからです。

その点では、学生運動の時代もたいして変わらなかったのかもしれません。一人ひとりの個人の悩みはとても深かったけれど、それは容易に解決できるわけではないし、すぐに他人が気づいてくれるわけでもない。孤独で救いのない格闘です。それに比べれば、社会体制の選択や戦争の問題のほうがはるかに重大だし、みんなに認められやすい問題だった。だから、まずは、個人の悩みは棚において

●
考えるための
言葉

「人間がわたしという言葉で話しはじめたその日から、エゴイズムは前進して止まるところを知らない。」
＊カント『実践的見地における人間学』

（胸にしまって）、社会変革や運動を優先すべきだろうと考えたのでしょう。そうした人びとは、生きるにあたって、自分の所属したい思想や制度、体制などを選ぶことが、もっとも重要なことだと思ってきたのです。

こうした問題の丸投げは、今日でもよく見られるものです。たとえば、ヘイトスピーチ*に見られるように、自分の外側に敵をつくって攻撃し、自分たちの不安感を国家権力の弁護によって吸収・解消してもらおうというやり方が、それです。日本はいい国だと信じ、自分の生きる苦しさを「豊かでいい国」日本に託すことによって、誇りを取り戻そうとするやり方であり、生き方です。まるで、日本が強い国になれば私たちの生活の苦しさも解決するかのように錯覚し、自分自身に立ち向かうことから逃避するのです。これがナショナリズム**の特徴の一つだと言うこともできるでしょう。

＊　民族、性的指向、障がい等の違いをもとに他人を攻撃、排除したりする言動で、日本では二〇一〇年代以降に激しくなった。

＊＊　「国本位」のこと。私たちの暮らす近代では、国家が日常生活を深く支配しているために、肝心の一人ひとりの個人よりも統治をする「国家」のほうが重要と思う考え方。

3　ナショナリズムから「自己本位」へ

このような考え方は、実は、フランス革命や産業革命によって特徴づけられる近代ヨーロッパの仕組みと深い関係があると思います。近代国家が成立すると、人間は一人ひとりの個人として存在するよりも、日本人であるとかフランス人であるということがより重要になってくるのです。中世以前の社会ならば、個人は、賦役（ふえき）をしたり、税金を納めて義務を果たしさえすれば、いい意味でも悪い意味でも放っておかれたのですが、現代世界では、どの国に生まれるかという問題は決定的で、個人にも大きな違いをもたらします。ノーベル賞をもらえるような天才的な能力の持ち主も、科学技術設備や教育研究体制の不十分な国に生まれれば、その能力を十分に発揮できないかもしれません。病気になっても高齢になっても、どの国に住んでいるかによって、受けられる治療や介護の中身が決定的に違います。その点でも、個人の人生にとっての国家の意味がまるで違います。このように個人の生き方は、自分で努力して選びとることより、どの国に生まれるか、どのような政府の下で暮らすかのほうが、はるかに大きな意味をもつ社会になっているのです。だとすると、個人よりも国家に自分を預けたくなるのも当然なのかもしれません。

同じく重要な問題として、自然科学や技術の大きな発展ということがあります。二〇世紀は自然科学が大きな技術的発展を可能にした時代で、そのために、私たちの考え方の基本には自然科学的な認識が深く根づいています。そのさいに、人間は生命体として画一的に扱われます。人間の身体は、治療や操作の対象としては、「ヒト」としてほぼ共通の特徴をもっていると見られがちです。しかし、自然科学的な認識の問題と、人間社会の生きようには大きな溝があります。というのも、人間社会というのは、そこに住む一人ひとりが意思をもった存在なので、自然科学のようにいわば「自然に拷問」を加えて動きを制約するようなあり方が不可能な特徴をもつからです。自然科学というのは、現実を把握するときには対象を特定の条件の枠内において、そのなかでの法則的必然性を求めることが基本でした。たとえば、空中の落下の問題をとらえるには、風の抵抗がないとか、常温で一気圧にしておくといった条件づけが不可欠なのです。そうでなければ、そもそも法則性が成立しないのです。

逆に、この社会は一人ひとりが意思をもった存在ですから、法則的に一方向に動くということ自体

●考えるための言葉

「誰かをその美しさゆえに愛している者は、本当にその人自体を愛しているのだろうか。」

＊パスカル　『パンセ』

が不可能だし、おかしいのです。福島原発の問題で一つの例を見てみましょう。たとえば、福島で数十年にわたって住みつき、農業をやってきた六〇代の夫婦にとっては、放射能被害の危険があるからといって立ち退きの勧告を受けることは、いままでの人生すべてを否定しろと言われるのに等しいでしょう。また、3・11のときに妊娠がわかった人にとっては、原発の恐怖は言葉にもならないほどでしょう。しかし、原発事故という空前の被害も、土建業者や放射能被害対策の産業に従事している人には千載一遇のチャンスかもしれません。これまで、なかなか仕事が見つからなかった原発周辺地区の若者には、しばらくのあいだ仕事が入って、これで当分食っていけると喜んだ人だっているかもしれません。人類の未来にとって原発被害がどれほど深刻であったとしても、いまの生活の利益を優先する人たちは現に存在するし、彼らとケンカしても問題は解決しないのです。

つまり、さまざまな意思の持ち主が集まってこの社会をつくっているのですから、一方の人びとの願いが、他方の人びとにとっては邪魔だったりするわけです。もし、それが人間社会だとすれば、この世界の生きにくさはとても根が深いと言えないでしょうか。人間同士の利害を調整しながら生きていくことは、実に難しいものです。

それだけではありません。そもそも、一人の個人の人生にも安定した予定どおりの未来などないのです。人生の先を見通すことなどできないのです。その意味で、人生は羅針盤のないまま、大海原に一人で出かけていくような危険に満ちた旅に近いのです。

最近、ピケティという経済学者の書いた『21世紀の資本』という本が、興味深いことを指摘しています。それは、日本やヨーロッパのような世界の先進諸国では、一九五〇年代から七〇年代にかけての二〇～三〇年の間だけ、社会の格差や矛盾が見えにくくなった時代だというのです。資本主義の世界では、いつも一部の特権的な豊かな階層が富を拡大させ、貧しい民衆との格差をどんどん広げていく傾向が強いけれど、この時期だけは、その格差が広がっていないかのように見えた時代だというのです。言いかえれば、いま四〇代後半以上の大人たちは、いろいろな対立にもかかわらず、全体として経済的成長が豊かさをもたらすという幻想をもちながら育つことができた時代だったのです。国家や経済成長、あるいはそれがもたらす「大きな物語」に自分の夢を託して生きる希望をもつことができたのです。こうして、国民という枠組みのもとで、社会が生きていく保障を与えてくれるような時代がしばらく続いたわけですが、二一世紀の今日、もはやそのように信頼できる安心保障装置としての国家や政府は、急速にその機能を失いつつあります。ユニクロの社長が述べたように、同じ日本のなかでも、国民に共通の生活保障の土台はどんどん崩されていって、一方に年収一億円の社員、他方に一〇〇万円しかもらえない従業員というように、格差が拡大し、近代国家の枠そのものが崩れ去りつつあるのです。だから、国家のなかでの安心保障という希望は、残念ながら実現されにくくなっているのです。悲しいことに現代は、グローバル化の波のなかに個人を無防備に投げこむ時代なのです。自分の外側の巨大な力、経済や政治力、宗教的権威などに自分を預けて安心を得ようとすることは、とても危険な時代に入ったのです。

私は、冷酷無残に日本人やヨーロッパ人を捕まえて虐殺するＩＳ、「イスラム国」を称するテロ集団に、数万ともいわれる世界中の若者が加わり、わざわざシリア地域にまで向かおうとした事実に驚愕しています。米軍をはじめとする西側諸国による、中東の罪もない人びとへの遠慮会釈のない殺害がどれほどひどいものであったとしても、そのことを理由にこのテロリスト集団に加わるとすれば、それは、かつてドイツがヒトラーやナチスに引きこまれて過ちを犯したのと同じ状況だと言わざるをえません。若者たちが、現代社会のなかで意味ある存在、有用な存在だと感じられない現実のなかで、この世界に対する疎外感を、自らをテロ組織に預けることによって発散し解消しようとするならば、それは、彼らの「国家」樹立のために利用されるばかりでしょう。いまや国家やテロリスト集団が、無用感を感じている若者をターゲットに、彼らを利用しようとする時代に入っているのです。

こんな危機の時代に、私たちはどうすればいいというのでしょう。

4 「自己本位」から始める

夏目漱石といえば、日本の学校教育を受けた人なら誰でも知っている代表的な作家の一人でしょう。彼の人生は決して平坦なものでも、楽なものでもありませんでした。この漱石のもっとも有名な作品の一つに『草枕』があります。これは、「智に働けば角が立つ。情に棹させば流される。意地を通せば窮屈だ。とかくに人の世は住みにくい」という言葉で始まり、彼がこの世界をどれほど生きにくいと思っていたかを象徴する作品です。彼は妻との関係も含めて、神経衰弱になるほど人間関係に苦しんだようです。漱石は、年を経るごとに異なる相貌を示す作家で、さすがに大作家だと思うのですが、なかでも、一九一四年に学習院大学で行った「私の個人主義」という講演がとてもすばらしい。これは、「大逆事件*」という大変な政治的虐殺事件によって、日本中の人びとが縮みあがり、「権力と金力」の前に世の中が殺伐としていた時代に行われた講演です。

＊　一九一〇年、明治天皇の暗殺を企てたというでっちあげによって検挙され、一二名が死刑になった事件。その強権発動によって、日本はしばらく「冬の時代」と呼ばれる暗黒を経験した。

この講演のなかで、彼は英文学を究めようとしてイギリスに留学し、葛藤した経過を語っています。これまでの日本が先進諸国ヨーロッパの学問を無批判に学び、受け入れるという風潮が強いなかで、漱石は自分の生きがたさを正面から突きつめました。その結果、文化も歴史も違うイギリスで文学を究めるとはどういうことかについて自ら格闘しながら、ヨーロッパの権威に頼って追従しようとするこれまでのあり方を痛切に反省したのです。従来の学問のあり方、自分が従ってきたやり方は、権威に依拠して、その説明を受け入れてきただけにすぎない。根のない浮き草のように、自分の根をもつことなく、他人や他国の文化に翻弄されてきた。そういう「他人本位というのは、自分の酒を人に飲んでもらって、後からその品評を聴いて、それを理が非でもそうだとしてしまういわゆる人真似を指すのです」。そういうやり方をして「いくら人に賞められたって、元々人の借着をして威張っているのだから、内心は不安です。手もなく孔雀（くじゃく）の羽根を身に着けて威張っているようなものですから。それでもう少し浮華（ふか）を去って摯実（しじつ）につかなければ＊、自分の腹の中はいつまで経ったって安心はできないという事に気がつき出したのです」。こう反省した漱石は、あるとき、従来の生き方、やり方を捨てました。

＊　うわべの体裁をつくろうことを止めて、真面目に物事に向かうこと。

「私はそれから文芸に対する自己の立脚地を堅めるため、堅めるというより新らしく建設するために、文芸とは全く縁のない書物を読み始めました。一口でいうと、自己本位という四字をようやく考えて、その自己本位を立証するために、科学的な研究やら哲学的の思索に耽り出したのであります」。その結果、「私はこの自己本位という言葉を自分の手に握ってから大変強くなりました。彼ら何者ぞやと気概が出ました。今まで茫然と自失していた私に、ここに立って、この道からこう行かなければならないと指図をしてくれたものは実にこの自我本位の四字なのであります。自白すれば私はその四字から新たに出立したのであります」。「その時私の不安は全く消えました」。「私は私の意見を曲げてはならないのです」。

　漱石の文章をほとんどそのままに引用しました。漱石の気持ちが痛いようにわかるからです。彼のように優れた人物でさえも、世間の流れに身を委ねて生きているという不安から自由になれなかったのです。

不安を乗り越えるときにいちばん大切なことは、「自己本位」になることです。「わがまま」になると言ってもいいでしょう。「わがまま」になるということが、自分のわがままさを大切にすることと不可分に、他人のわがままをも承認することさえできればいいのです。漱石を再度、引用しましょう。「第一にあなたがたは自分の個性が発展できるような場所に尻を落ちつけるべく、自分とぴたりと合った仕事を発見するまで邁進しなければ一生の不幸であると。しかし自分がそれだけの個性を尊重し得るように、社会から許されるならば、他人に対してもその個性を認めて、彼らの傾向を尊重するのが理の当然になって来るでしょう。それが必要でかつ正しい事としか私には見えません」。

だから、人生の不安からおさらばするために絶対に必要なのは、何を決めるにも、これは本当に自分がやりたいことなのかと、自分を軸にして確認をとることです。それをしばらく続けていると、だんだん「わがまま」を覚えていきます。そして、あるとき、はっきりと「これは自分がやりたくないこと！」という声が聞こえてきます。こうなれば、もう大丈夫！　自分の内側からの声が聞こえてきたのですから。まもなく、自分のやりたいことを内側の声が言い出しはじめます。そうしたら、もう太鼓判！　幸福になれる条件が発生したのです。もちろん、自分で決めたが最後、きっと周りからうるさい声が聞こえてきます。「そんなことすると大変だよ」とか、「世間の人が変だと言うよ」とか……。

はっきり言いましょう。自分の判断を大事にする人はみんな変人です。自分の声に従って決めれば、もうそれだけでマジョリティにはなれなくなってしまうでしょう。そんな人生は送りたくない、仲間はずれにされたくない！　という人は、それはそれでいいのです。ただし、そういう人は自分のなかの「満たされない」思いなどに振り回されてはいけません。だって、人間はそうやって満たされない思いをもちながら死んでいくのです。墓場まで（井上ひさしの言葉を借りれば）「思い残し切符」をもって冥土に出かけていくのです。大丈夫です。多くの人がこの世の人生に「恨み」と「満たされなさ」をもって生きて、最後に死ぬのですから。

しかし、自分の納得する人生を送りたいという人は、自分自身そのつどの吟味と決断をする必要があります。「自己本位」になる必要があります。時には失敗もあるし、ことによると、期待したほどの収入は保障されないかもしれません。変人扱いされることさえありえます。しかし「生きがい」、生きる意味と、奴隷のではない「幸福」が得られ、実感できる可能性はあると思います。多数派に従っていれば不幸にはならないかもしれませんが、「人並み」だと自分を納得させても、人生の悲惨さを忘れることができるだけです。

とはいえ、この「自己本位」主義、「わがままに生きる哲学」も、仲間はずれになる危険、一抹の寂しさがいつでも残ります。それをどう考えたらいいのでしょうか。実は、この他人を尊重する「自己本位」主義は、なんと、いちばん友人を得やすい方法なのです。自分の決断、自分の人生、自分の物語は、自分を軸にして考え実践するのは当然のことですが、可能なかぎり相手に身を委ねることなく、しかも相手を尊重する生き方は、お互いの友人としての信頼をもっとも得やすいものなのです。もし周囲の友人たちが、お互いの人生の物語を語り合い聴き合う仲間になり、お互いの自立を応援しあう仲間になれたら、もはや孤立はありえません。少数派ではあっても、お互いの生き方を認め合う強力な同志なのです。これから私たちは、そういう人間関係をつくっていかなければ、この困難な時代を生き抜くことはできないと思います。

（人生実験くん）

第2章 わかりあえない関係を生きる

ブーバーという哲学者が「現実の生はすべて出会いである」と語ったように（『我と汝』）、私たちの人生は、誰かとの出会いから生まれる人間関係によって織りなされていると言っても過言ではありません。だからこそ、「他者」との関係をめぐる問題が、自分自身の人生をめぐる問題になるのだと思います。この章では、恋人関係・友人関係・夫婦関係・親子関係など、親密な人間関係において起こる問題に即して、人と人の関係はどうなっているのか、どうあってほしいのかを考えてみます。

誰かと親密な関係になるということが、私たちが人生を生きていくうえで大きな支えになることは、たいていの人が認めるところです。お互いを親密な存在として結びつける絆（きずな）とは、自分のことをかけがえのない大切な存在だと思ってくれる人がいるということであり、他方でかけがえのない大切な存在だと思える人がいるということでしょう。それによって、自分がこの世で一人ぼっちlonelyではないということを実感できるのだと思います。

しかし、絆（きずな）は時に絆（ほだし）、つまり手かせ足かせともなります。私はあなたの恋人・友人・夫婦・親子なんだからという理由で、自分はこうしたい（ありたい）という思いを胸の奥にしまいこまなければならないときがあります。いや、こんなふうに絆を束縛と感じる人は、自分を大切に思ってくれている（はずの）人に対する感謝を忘れた、「わがまま」な人なのでしょうか。「それなら、誰とも関わらずに一人で生きていけるの？」という声が聞こえてきそうです。「人は一人では生きていけない」。誰もが認めそうなこの言葉を前にして、しかしそれでも「私は私」という思いがくすぶってはいないでしょうか。あなたと親密な関係になる代償として、自分らしく生きること、自由に生きることを、どこかで断念しなくてはいけないのでしょうか。

ルソーという思想家にならって、「各人が互いのすべてに結びつきながら、しかもなお、おのおのが自由であるような結合」（『社会契約論』）が可能なのか、可能であるならどのようにして可能になるのか、こんな問題を考えながら、それぞれの相談と回答を読んでみましょう。

Q1

「つきあう」文化に耐えられません。

恋愛関係で悩んでいます。これまで何度か、女性と恋愛関係、いわゆる「つきあう」関係を経験してきたのですが、いずれも破綻をしてきました。相手に告白して（もしくは告白されて）「おつきあい」が成立すると、たとえば、別の異性と出かけることや仲良くすることは暗黙のうちに自粛することになったり、嫉妬や束縛が肯定されたり、デートを他の用事で断ることがいけないことになったり……と、なし崩し的に物事が進んでいってしまう気がします。

一度、どれくらいの頻度で会うかとか、別の異性の友人との関係をどうするかなど、お互いの関係について話し合おうと提案したことがあったのですが、「彼氏でしょ、察してよ」と言われ、何も言えなくなってしまいました。心のなかでは、「僕は、僕であって、彼氏という人間になった覚えはないぞ……」と思っていたのですが。

だから、彼氏や彼女とか、「つきあう」などの言葉にとらわれない関係が築けないかと模索中なのですが、周りに話すと困ったことに、「たんに遊びたいんでしょ」とか、「それってセフレ（セックスフレンド）が欲しいってこと？」と必ず訊き返されます。枠にはまらない関係は、「遊び」とか「無責任」のレッテルを貼られるみたいです。形に縛られない関係って、難しいものなのでしょうか？

（二〇代・大学生・男性）

考えるための言葉

「現実の生はすべて出会いである。」

＊ブーバー『我と汝』

A

恋愛感情に反抗する話し合いをやるしかありません。

これは、女性だったらどう答えるかを、私も聞いてみたいものです。実は、ある知り合いの女性から、強烈な言葉を聞いたことがあるからです。彼女は、パートナーが他の人と「つきあい」、性的関係をもっているのではないかと疑って、こう言ったのでした。

「私が他の人と関係をもつのはかまわないけれど、彼が他の人と関わるのは許せないんです!!」

これはすごい言葉です。こんな真実をついた言葉はありません。自分が関わりたいと思う人間関係に何か問題があるとは、本人には思えないのです。自分の責任で誰かと親しいコミュニケーションをもつことの、どこに問題があるのでしょう。性的関係をもつ可能性があるから問題なのでしょうか。たしかに、性的関係は強烈な独占欲や嫉妬心を引き起こすものです。

しかし、性的関係がなければ本当に自由になるのでしょうか。どうも、そういうものでもないようです。幼児を見ていると、たとえば年下のきょうだいが母親に世話をされているだけで、怒りだすこともあります。大人になっても同じです。ある若い女性の悩みによると、仲良しの友だちの独占欲が強くて、同性の他の友だちと仲良さそうに歩いているだけでも嫉妬して怒ってくるというのです。つまり、性的関係があるかどうか、さらに恋愛関係にあるかどうかさえどうでもよく、彼女が他の人に気持ちが向かっていること自体が許せないのだ、というのです。

まあ、こういうふうに、心を向ける相手を独占したいという気持ちを人がもつのはかなり根深い問題ですが、この欲望は、動物的次元からもかなり強く絡んでいるようなので、（個人差はありますが）なくすことが不可能と言っていいかもしれません。

●
考えるための言葉

「地獄とは他人である。」
＊サルトル　『出口なし』

では、どうしたらいいでしょう？　私は最近、アランというフランスの哲学者の「魂」あるいは「心」についての定義を読んで、とても深く感動しました。彼によると、「魂とは肉体を拒否する何ものか」だというのです。ここでアランが「肉体」として述べているものは、恐怖で逃げたくなったり、怒って殴りたくなるとか、のどが渇いて水を欲しくなるといった動物的あるいは生物的反応のことです。自分のパートナーが他の人に気持ちを向けるのを苛立たしく思ったり、独占欲を感じてしまうのは、いわば「肉体」のなせる業でしょう。それに対して、そうした要求には単純に従わないでいよう、その奴隷にならずに拒絶しようとする働き、あるいは行為することを、アランは魂と呼んでいるのです。魂あるいは心の働きというものは、身体的欲望や感覚的反応に対して、それに単純に追従したり屈服したりしないで、いわば自分のなかの傾向に敵対し、抵抗しようとする営みだと言えるかもしれません。

私がこの言葉に深く惹きつけられたのは、自分では誠実に対していると考えているつもりの自分の心が、もう一方で、その否定したいと思っている気持ちに翻弄され、かきまわされることに、うんざりしているからです。私は、相手のことをできるだけ尊重したいと本気で思っているつもりです。ところが、それと同時に相手を自分のものに独り占めしたいという独占欲が生まれてきて、自分の決意など平気で無視してくる力に慄きさえ感じてしまうのです。蹴飛ばすか、殴り殺してやりたいと思うほどの嫌なやつですが、この欲望は頑として自分のなかに居すわっているのです。

しかも、この欲望は、自分が肯定しているときには何ら心地悪いものではない。性欲や食欲だって、そうではありませんか。相手もその気になってくれているときの性欲が、やっかいなわけがありません。おいしい食事をたっぷり食べることが人生最大の喜びと思っている人にとって、食欲は邪魔などころか大いに幸福を増進させてくれるものです。

そうすると問題は、この身体から湧き出てくる欲望にただ従うのではない関係を求めるときの対処です。これが相談者の質問ですね。相談者の方の悩みに全面的に賛同します。この欲望に対決する唯一の方法は、私の考えでは、この欲望を内なる欲望として断固として拒絶することです。ところが恋愛感情というのは、この点で本当に困った敵です。恋愛感情こそは、この欲望を肯定する方向に誘導しようとする仕組みそのものだからです。

ですから、相談者の方の悩みに心から同情申しあげたいのですが、この解決の方法は恋愛感情の延長線上にはないのです。この問題を克服するただ一つの道は、お互いの甘い感情に浸るのではなく、「つきあい」を始める前に相手とそのことについて相談し、徹底的に話し合うことしかありません。話し合いとは、感情の押しの強さを服従させるもっとも有力な方法です。ただし、そんなことを最初に話そうとするものなら、その瞬間に相手からフラれてしまう危険も十分に覚悟する必要があります。恋愛感情が全面的に賞賛される現代社会では、そもそも、独占欲を感じ、束縛したいと思うことこそ、恋愛感情の証だと思っている人が多いのですから。「たんに遊びたいんでしょ」とか、「それってセフレ（セックスフレンド）が欲しいってこと？」と訊かれるのは、もう宿命だと思ってください。

徹底的に話し合うしかないともちかけても真剣に応じてくれる人とだけ「つきあい」を始めるのが、この難問を抜け出す道です。人が思いを口に出して話し合うということは、お互いに思いのほか強い拘束力をもつものです。人間は、相手とはっきり口にして話し合って合意したことに関しては無視できず、自分の自己中心的な欲望だけを押し通すことはやりにくい存在なのです。だから、他の異性の友人との関係についても、きっちりと話し合えばいいのです。それは、なかなか難しいことですが、それでも、合意が可能になることもあるでしょう。その約束を破った場合には、関係そのものが壊れてしまいますが。

そんな堅苦しいことを言わなくても、十分に信頼しあった仲なんだから、いいじゃあないか。そう言って曖昧な態度をとったら、もうダメです。恋愛関係などというものは、決してそんな甘いものではないのです。そこには、相手を自分のものにしたいというエゴイズムが、しっかと玉座に座っているのですから。

（人生実験くん）

A

一人で生きていくことも模索してみたらどうでしょうか？

私は自分の心が準備できていないときには、いくらわかりやすく説明を聞いたところで理解が進まない、ということがあります。とくに、「見つめあうだけでわかりあえる。言葉なんていらないわ」と相手にのぼせあがっているときに、相手と徹底した話し合いができるとはとうてい思えないのです。お互いの合意なんてものはとれるのかしら？　と思ってしまいます。実は、心のなかでは納得していなくても、一人になりたくなくて、その場を収めるために雰囲気に合わせて、合意したふりをしてしまう人もいるだろうと思うのです。

高校生の女子のグループでは、卒業式を前にグループを解散してしまうことが毎年見られます。本

●
考えるための言葉

「秘すれば花なり。秘せずば花なるべからず。」

＊世阿弥『風姿花伝』

当に毎年起こる現象なので、「歴史はくり返される」とつい笑い話にしてしまうこともあります。お弁当も一緒、授業にくるのも一緒、そのうえ放課後も一緒で、話を聞くかぎり休日にカラオケやディズニーランドにも一緒に行っていて、お揃いの持ち物をもち、「いまは彼氏がいないけど、これからつくろう！」なんて盛り上がって、教員のことを無視したり笑いものにしたりしている。そうした子たちほど、卒業前解散の危険があるのです。涙ありの解散が多いので、本人たちは悲しくて辛くて、でも何らかの強い決意をもっての結果なのだと思います。悲しむ姿には同情しますが、「あれだけグループで団結して反抗していたのに、それって主義とか主張じゃなくて、周りの雰囲気に合わせていただけだったのか……」と、残念な気持ちにもなるのです。

一度、誰かと一緒にいるときの心地よさや安心感や優越感を知ってしまったら、一人になるのは難しいことです。けれども、そういう雰囲気にどっぷり浸かって、わかりあえているつもりになっていることが苦しいなら、決意をもって一人で生きていくことも考えてみたらいかがでしょうか？　いつか、一人で生きていることに魅力を感じてくれる人と出会えるかもしれません。

（かつては冒険家）

Q2

最近、自分がゲイであることが友だちにわかってしまいました。

ゲイであることがバレたのは、つきあっていた人とのツーショットの写真を、友だちに見られてしまったからです。仕方なくというか、いつかは自分を隠さずにいたいという気持ちもあって、ゲイであることをその場で打ち明けました。彼らは少し驚いたようでしたが、なんとなく納得したような雰囲気もありました。大学入学以来、男子学生同士で一緒にいる機会も多かったのですが、私自身が構えていたこともあってか、「こいつ何か違う」感があったからだと思います。このカミングアウト以降、同級生は表面的にはいままでと変わらない態度で接してくれています。ただ、飲み会の席などで、私がゲイだとほのめかすように言われたり、からかい気味に言われたりすることもあります。これはひょっとすると自分の被害妄想で、友だちにそんなつもりはないのかもしれません。それでも、やはり落ちこんでしまいます。同性愛（「男色」）についての本も読んでみて、明治時代になってから、同性愛が「異常」とか「病気」とされ、人びとの間で偏見や差別意識が広がったことを知りました。戦後の高度経済成長期に、異性と恋愛結婚して子どもをもつことがノーマルな人生だという価値観が普及した結果、同性愛者など、そこから外れた人はアブノーマルとされるようになったこともわかりました。だから、同性愛への見方は歴史や社会によって変わってくる、人として悪いところがあるわけじゃないと自分に言い聞かせるのですが、それでも周りの視線や言葉が気になって仕方ありません。いまはみんな大学生で、人づきあいの仕方もわりあい自由にできますが、社会人になると、いろんな人とつきあっていかなければなりません。周りの人とどうつきあっていけばいいか、心配がふくらんでくるのです。

（二二歳・大学生・男性）

●
考えるための言葉

「すべて国民は、個人として尊重される。」

＊日本国憲法（第一三条）

A

海外に出るなど、違った社会で生きるのも一つかと思いますが、まずは大いに悩んでください。

社会人になると、いろんな人とつきあっていかなければならないという前提で、今後の人間関係を悩んでおられますが、私の実感からすると、社会人になってもお互いの身の上を親身になって話して理解しあっていこうとする人間関係はそんなにないので、心配いらないような気がします。

私の場合、上司との煩わしいであろう飲み会、人に気を遣う残業のない職場を選んで働いているので、職場に行けばほとんど仕事の話しかしませんし、五時半になれば、さっさと家に帰ってしまいます。「彼氏がいるの?」と、当初訊かれることもありましたが、「いる」と答えると、「結婚しないの?」など面倒くさいことが増えるので、「いない」と答えることに徹しています。職場の人間関係は、あくまでも仕事ありきなので、そこまで心配いらないように思います。私としては、職場の人にそこまで自分の人生を理解されたいとも思わないし、仕事をするうえでいい人間関係を築きたいというまでです。

ただ、あなたの「いつかは自分を隠さずにいたい」という気持ちが、どの範囲までのことを指すのかにかかってくるような気もします。もし、職場でもプライベートでもゲイであることをオープンにして生きていきたいのであれば、いっそのこと海外で、同性愛の結婚制度も認められるような場所へ行って暮らすことも、一つの手かもしれません。あなたのおっしゃるとおり、同性愛やマイノリティへの見方は、歴史や社会によって変わってくるし、現代はそうして自分の求める社会に移動して生きていくことも決して珍しいことではありませんしね。

私自身は、日本の空気というか日本人と働くことが、なんだか苦痛な人間で、現在も外国人の多い職場に勤めています。とくに同性愛者であるわけではないし、何か国籍や民族的にマイノリティなわけでもありません。太っているわけでも、背が高すぎるわけでも、身体的特徴も何ら特質すべきものもありません。周りから見れば、いわゆる「普通」の人間に分類されるのでしょう。でも、私はこの社会が息苦しいし、なんだか合わない気がしてならない、この点で不思議とマイノリティなのです。だから、その点で性的なマイノリティの人に寄り添う部分があるように感じています。自分を隠して、というか息苦しい思いをしてまで、ここにいつづける意味がわからないし、何度も海外で暮らすことを考えました。実際に、海外駐在の仕事の面接にも出かけました。家族、とりわけ母のことを思うと心苦しかったのですが、それでも自分らしく生きられる場所がここではない、という思いが強くありました。

では、何でいま自分がそんなふうに嫌だと思っている場所で生きているかというと、たとえ数人でも、自分のことを本当にありのままに受け入れようとしてくれる人がいるからです。私が社会から非常識と見られることをしていたとしても、社会からの目線ではなくて、その人個人の価値観で私のことを見て、つきあいつづけてくれる人がいる。それだけで、私は仕事の人間関係も、何の迷いもなく割り切れるように思って生きています。周りの視線や言葉が気になることも、この境地になれば、たいていは無視できると思うのですが、それまでは、しばらく人生経験が必要かもしれませんね。大学生は、きっとそんな年代です。私個人的には二〇代全部をこの問題に費やしたと言っても過言ではありません。

なので、この数年で解決できるとは思わずに、一〇年後にはきっと解決できると信じて、長い目で

●考えるための言葉

「隠れて、生きよ。」
*エピクロス 『教説と手紙』

自分の生き方や人間関係のつくり方に葛藤する時期ととらえ、大いに悩む必要があるかと思います。お悩み相談に対して、悩めというのも変ですが、周りの視線や言葉が気にならない境地に至るには、仕事・パートナーシップ関係・友人関係・家族関係、ありとあらゆることに対して、自分自身の納得が必要な気がします。これは、私が六年前に人に言われたことなのですが、一〇年前の悩みはいま乗り越えられているように、いまの悩みは一〇年後には乗り越えられているはずです。

（えほんの虫）

少数派が共存できる社会をつくりはじめるしかありません。

私がこれから回答者として申しあげることが、相談者に対してすぐに有効な答えになるとは思えませんが、どうしてもお伝えしたいことがあります。それは、ほとんどの人が、本当は自分が少数者ではないかという恐れをひたすら隠しながら生きている、という現実に対する抗議の回答だということです。

実は、私はもう六〇代の後半に入って、世間的には優雅に暮らしているかのように思われる人間です。そのうえ私は、どちらかといえば、深刻な家族問題を抱えることもなく安心して育ち、いわゆる「有名大学」というのを卒業して、結婚し、子どもを三人育て、年金までもらう年代になりました。世間では、「おまえのような安定した人生を送ってきたやつには、差別や貧困の苦労をさんざん味わってきた人間の苦しみがわかるわけがない」と、陰に陽に言われつづけてきました。

しかし、これには、どうしても強い異議を唱えずにはいられません。そもそも人間は動物と違って、自分が他の人と異なるかけがえのない存在であることを強く願う生き物です。指紋一つとっても、人類の誰一人同じ人がいないそうですし、たいてい身体のどこかは何か変わったところがあります。私でいえば、眉毛がほとんどないし、脇毛だってないに等しいです。眉毛なんてとても目立つところですから、気にしだしたら、誰とも顔を合わせることもできないでしょう。でも、私と正反対に眉毛が濃かったり、脇毛の多いことに苦しんでいる人もいるでしょう。いったい何で、人が同じでなければならないのでしょうか。

もし仮に、私が一箇所も目立つ身体的特徴のない「つまらない」平均的な「普通」の人間だとしましょう。それでも、とても普通になれないくらい、私たちの人間関係は多面的で複雑です。両親が離婚や死別したというケースだってあるでしょうし、片親が外国人だということも珍しくありません。日本では、在日コリアンだというだけで、あるいは「部落」出身だと噂されるだけで、ひどい差別をしてきた悲しく憤りを禁じえない歴史もあります。もし、そうした差別を受けにくい多数派に属していたとしても、人間というのは一人ひとり、好みも判断基準も違うのですから、自分の気持ちに正直に生きようとすれば、たいていの人間は「普通」から外れていくのです。

昔、ある若い人から、「どうしたら個性の豊かな人間になれるのですか」と訊かれたことがありますが、私の答えは簡単でした。何をするときにも、何を決めるときにも、これは自分で本当に望んでいることかどうかを自分に確認して、その考えと行動の主人公になることだ、と。自分は本当に大学に行きたがっているのだろうか。どういう理由で仕事を続けているのか。結婚はなぜしたいと思うのか。携帯でＬＩＮＥを続けたいのは自分の願いなのか。みんなが好きだと言っているあの歌手は本当

考えるための言葉

「どんな悲しみも、それを物語ることができれば耐えられるものになる。」

*ディネーセン（インタヴュー）

に自分が好きだと思って聴いているのか。こういう毎日の生活の一つひとつを自分の心に聞いて確認するようになれば、まもなく、はっきりと個性豊かな人物になるに違いありません。

いわゆる「普通」の人は、生まれつき普通なのではありません。多数派に合わせて生きるように習慣づけられているだけのことなのです。つまり、違いや個性を大切にしようと思うよりも、周囲に合わせて生きることが人生だと決めて、「思考停止」しているだけのことです。相談者のあなただって、自分のなかにある欲求を全部抑えこんで、異性愛者のように振る舞っていこうと思えば、できないことはないでしょう。しかし、それは自分を殺すことではないでしょうか。みんなが互いに違っていることを人間関係の大原則にすえる社会をつくらないと、「普通」の多くの人たち自身が、自分の少数性、自分の個性を押しつぶして一生を終えることになるのです。自分を偽らない人間関係を、お互いにつくりはじめませんか。

（人生実験くん）

Q3

LINEの書き込みや返信で、けっこうストレスがたまります。

先日、中学校時代の友だちでつくっているLINEに、バンドをやっている友だちから書き込みがありました。ライブをやるので都合がつく人は見にきてほしい、という内容です。私は、会場が遠方だし、いま一つ興味も湧かないので、そのまま無視しようかと思いました。でも、せっかく誘ってくれているのに、何も返事をしないのは悪いかなとも思い、いろいろ考えたあげく、「都合が悪くて行けない、ごめんね」と返信しました。

ところが、返信したのは私だけでした。みんな無視？　これってどうなの、と思ってしまいました。その友だちは、私から返信があったことで少し安心したかもしれないし、逆に私からしかレスがなかったことで少し寂しい思いをしたかもしれない。これを見たほかの友だちには、無視したのは悪かったかなと思わせてしまうかもしれない。こんなふうに、あれこれ考えてしまうのです。もちろん、こういうことがたまにあるのなら、そんなに問題を感じないのでしょうが、日頃つきあっている友だちの間でも、しょっちゅうあります。自分のアパートに帰って一人になったときでも、LINEの書き込みやメールがあり、どう返したものか、こういう返事だと相手やほかの人はどう思うだろうか、などと頭を悩ませます。かといって電源を切ってしまうと、誰ともつながっていないような、落ち着かない気分になりそうです。他方で、そんなに気を遣わなくてもいいのかも、とも思います。誰からも返信がなかったら寂しいだろう、でもどう返せばいいだろうといつも考えてしまう自分が変わればいいのだ、と。言いたいことがあるときだけ返信し、とくになければ無視するというふうに割り切ったほうがいいのでしょうか。そういうふうに割り切るには、どうすればいいのでしょうか。

（二一歳・大学生・女性）

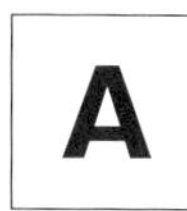

A

「○○は、全然返信こないから（笑）」と言われるのは、なかなかいいものです。

相談文を読んで、私自身が一〇代・二〇代の前半の頃のことを思い出していました。私が携帯電話を初めてもったのは、高校生になってからで、そのときの感想は「さみしいなぁ」というものでした。

考えるための言葉

「エクリチュールは反コミュニケーションである。」

＊バルト　『エクリチュールの零度』

携帯電話をみんなと同じようにもてばさみしくないかと思っていたのに、いっそうさみしく感じたのが印象的で、いまだにその夜の思いが心の片隅に残っています。あなたのように、返信があるかないかで心悩ませたり、無意味と思いながらも意味のない会話をくり返したり、気がつけば「携帯電話に使われている自分」になってしまっていました。

だけど、携帯電話は便利だし、周りのみんなももっているし、携帯電話をもたない自分は想像できなかった。きっと、LINEは「既読」が表示されたり、グループがあったりと、使いこなすのはさらに難しいのかな⁇　と想像しています。本当に楽しくSNSを使いこなせる人もいるのだろうけど、私はそういう人間じゃないと、大学生の中盤からは割り切って携帯電話を使いはじめました。いまもLINEはやらないし、ガラケーでメールの返信も遅い……。その当時、自分の生活のペースで携帯電話を使いはじめるのは心配だったけど、友だちはよく、「○○（私の名前）にメールしても、なかなか返信こないからね（笑）」と、嫌味でもなく、笑ってくれていました。そんなキャラクターが受け入れられちゃえば、こっちのものです。その時点で、失った友だちもいるのかもしれないけど、そういう人はそれまでだったということです。

私は、社会人になって五年以上経ちましたが、周りでLINEをしている人を見ると、やっぱり大学生と違って、もっと具体的な使い方がメインになっている気がします。「帰りにマヨネーズ買ってきて」とか、「あと五分で駅に着くよ」とか……。大学生は、LINEやSNSそのものの世界のほうが、時折、現実世界より大きく見えてしまうかもしれないけれど、働いたり、家庭を築いたりしていくと、遊びのような使い方が少なくなって、生活の情報伝達手段として活用されている側面が大きいのかなぁと感じます。だから、あなたの悩みも時間や周りの環境とともに解決されそうな気がするけれど、この悩みと向き合いながら、自分がどんな人間になりたいのか、考えてみるといい気がしま

● 考えるための言葉

「本心を打ち明ける友人をもたない人々は、自分自身の心を食べる食人種である。」

＊ベーコン『随想録』

す。

ちょっと余談のようですが、私は二五歳のときに、心のなかに「フォルダー」をつくらないことに決めました。パソコンのデスクトップやＵＳＢを開いたときのことを想像してみてください。パソコンのなかでエクセルやワードでつくった資料を、種類ごとにフォルダーに分けて分類しますよね。それまでの私は、心のなかに「家族」「友だち」「同僚」「知り合い」……と、フォルダーをいくつかつくって、そのフォルダーごとに交友関係を分類して、そのフォルダーの名前に沿ったつきあい方をしてきたように思うのです。「家族」とは家族らしく、「友だち」とは友だちらしく……というように、その自分の無意識レベルの心のフォルダーが人間関係を制約してしまって、どこかで自由ではない自分がいたのです。社会人になると、時間の制約もプラスされていくし、世界がどんどん窮屈になるような気がして、せめて自分の心のフォルダーを外していこう、と心に決めました。こうつきあわなくちゃいけない、なんていうルールはないし、その人と自分の間だけのつきあい方を、時間をかけてつくりつづけていきたいと強く思いました。そのなかの一つには、連絡手段に縛られないことも入っています。いまでも、その気持ちは変わらなくて、電話で連絡をとる人もいれば、メールで連絡をとる人もいる、手紙で連絡をとる人もいる。頻繁に連絡をとりあう人もいれば、一年に一度必ずこの時季に会うとなんとなく決まっている人もいる。みんなに共通することは、必ず、その人と会う時間を大事にすることです。

あなたは、携帯電話をもたない友だちがいますか。友だちが携帯電話をもたなくなっても、友だちとしてやっていく自信がありますか。周りの人とつきあう方法は人それぞれですが、社会人になる前から、どう人間関係を築いていきたいかを考えておくことは、あなたの人生にとって大事なことだと思います。こうだって思えることができたら、無視するか無視しないか、という人間関係の見方自体が変わってくるかもしれません。

（えほんの虫）

孤独にならないと人生は始まらないのです。一人になることの楽しみを知ってしまった大人から。

子どもを三人育てたことがあるので、人間にとって、孤独がどれほど恐ろしいかを十分に知っているつもりです。赤ん坊といったら、ちょっとでも母親が目に見えなくなるだけで、大騒ぎです。この世が終わるのではないかというくらい泣き叫び、場合によっては二〇分でも三〇分でも止めません。でも、本当に孤独なんでしょうか。赤ちゃんを愛しているお母さんは、たんにトイレに行っているにすぎないかもしれません。「待っていてね、用を済ませたら、すぐに戻るからね」と、トイレのなかで声を出しているかもしれません。だから、孤独でも何でもないのです。ただ、お母さんが抱いてくれると、身体で安心できるだけのことです。

実は、大人になっても、たいして変わらないところがあります。恋人関係になったら最後、相手の存在が気になって寝られない人は山のようにいます。なかには、他の男に電話していないかと常に携帯をチェックする男もいるし、家に帰ってきたとき相手が家にいないと不安でたまらないので、恋人や妻を鎖で縛り、家に鍵をかけて出かけるＤＶ男もいます。そういう意味で、ＬＩＮＥをはじめとするＳＮＳは人間を赤ん坊の本能レベルに引き戻してしまうものだ、と私は思っています。

フランスでは、産後すぐにお母さんの手許に置かれた赤ちゃんが、母親が食事で抱いてもらえないために泣くと、看護師の女性が「ねぇ、お母さんはいま、ご飯を食べているの！　あなたも待つことを覚えなければダメよ」と諭した、という話を印象的に覚えています。そう、大人になるためには、一人になること、言いかえれば、相手は自分の思うどおりにならないということを学ばなければいけないのです。

そのことを、アーレントという思想家は、もっと大胆に述べています。人は、人間として生きるにあたって、自分一人になる時間がないと、自分の根をもつことができない。というのも、他の人との時間だけに生きれば、その人は考えることができないからです。すると、その人ならではの人生や個性というものは生まれてきません。私が私であることの最終的な証となる営みは、自分の頭で考えることです。これがないと自分がなくなってしまい、最後まで周囲に翻弄されて、落ち着くところがないのです。たえず周囲を見て情勢をうかがっているだけだと、その情勢そのものがどんどん変化して、いったい何が自分なのかがわからなくなってしまいます。たとえば、いま考えると信じられませんが、戦前の社会では、戦争を嫌い、平和を求める者は国賊と言われて非国民扱いされたし、恋愛感情なんかを肯定する者は軟弱な人間と非難されました。それが、戦争に負けると一転、恋愛万歳、戦争反対です。どうも最近の怪しい雰囲気を見ていると、また、戦争は時には必要だなんていう風潮が出てきそうです。だから、周囲だけ見ていても、何も当てになりません。

人は、自分で吟味する生き方をしていかないと、生きていながら生きていないのです。周りがどうであろうと、自分はどう思うのか、自分のなかのもう一人の自分と対話していく習慣をつけなければ、

●
考えるための言葉

「Loneliness is not solitude.」
＊アーレント『全体主義の起源』

自分が消えてしまうのです。自分をなくして生きるほうが楽だというのは、本当は嘘です。自分が自分とじっくり対話してはじめて、自分の存在に根っこがつきはじめるのです。生きることの安心した地盤ができはじめるのです。

根無し草で生きると、本当のところ、他人はあなたを利用するだけです。はっきり言いましょう。LINEでお互いを束縛しあうというのは、どうにも手に負えない、わがままな赤ん坊状態です。自分勝手なあり方だと言うのが正しいでしょう。お互いが、お互いの生き方を尊重するという大人の社会に移らなければなりません。たしかに孤独は辛いものです。でも、一人になることの苦しみを知った者だけが、互いの生き方を尊重しあう友だちの重要さを知ることができるのです。この機会に友だちと話してみたらどうでしょう。「俺たち、大人になってみようぜ」と。

（人生実験くん）

Q4

親から逃げる人生だってアリであってほしいのに。

私が海外に生活の拠点を移したいちばんの理由は、親から逃げるためでした。戦前生まれの父と団塊世代の母は、元来子どもに対して厳しく、私にとって親の言うことは絶対でした。そんな両親が大病を患い、状況はさらに悪化しました。

病は両親の身体だけでなく、心も蝕みました。感情のコントロールができず、叫んだり怒鳴ったり、まともに会話ができなくなりました。金銭を要求されるときもあり、両親の申し出を断ると、二言目には「弁護士をはさんで話をしよう」と言われました。両親の電話に出られなかったときには、私の家まで突然やってきて、扉を開けるまで蹴りつづけ、叫びました。大病を患う前から、両親には「私たちは人生のなかで間違ったことはしたことない」という決め台詞がありました。両親からしてみれば、私への態度は当然なものなのです。

娘の私だけならまだしも、夫を怒鳴ることもありました。夫はカナダ人です。彼は、私の両親が私に示す絶対的な権力構造に疑問をもっています。しかし、両親が怒鳴りはじめると、私が謝罪するまで事が終息しないという状況を理解し、私に代わって謝罪して、その場をなんとか収めてくれました。それなのに、両親は「結婚して変わった」「娘のことが心配だ」と友人知人に言いふらしました。

両親と会えるような場所に住んでいたら、精神は衰弱し、肉体は疲労困憊し、経済的に疲弊してしまう。そう考え、何も告げずに海外へ移住しました。私の居場所がわからない両親は、私の友人に連絡をとり、探しているそうです。友人からは「いつまで親に反抗しているのだ」と言われ、私が両親から受けてきた恐怖を理解してもらえませんでした。

いじめの現場では、いじめられる場所や環境から「逃げろ」というのも助言の一つとなっていますが、親子の関係性のなかでは見当たりません。私は、子どもが親から逃げる人生だってアリという社会であってほしいと思います。いったい、どうしたらみんなに理解してもらえるのでしょうか？

（四〇代・女性）

考えるための言葉

「人間はだれでも、いくつもの根を下ろす要求をいだいている。」

＊ヴェイユ『根をもつこと』

A

ここまできたら、新しい出会いと生活をつくりあげていくしかありません。

仕事柄、いろいろと家族のことを聞くことが多いのですが、「お母さんと服を共有している」とか、「お父さんと音楽の趣味が一緒です」などと聞くと、「家族ってそういうものなのか？　自分の家族では、そんなことはありえない」と驚きを感じてきました。

これは家族問題に限ったことではないですね。たとえば、性について抱える問題だって繊細な話題で、友人同士で語り合える人もそう多くないことでしょう。一人ひとりが出会った相手との関係にしても、他人と共通項があるのかさえわからないものです。周囲の人、それも親しい人が、悩みを真面目に受け止めてくれなかったり、理解してくれなかったりすれば、本心や真実を語れないなんていうのは当たり前ですね。先日、すべてを手に入れたハリウッドスターが「ＨＩＶの公表前は、心を許していた友人たちから、その事実をもとにゆすられていた」という報道を目にしました。これがいい例ではないでしょうか？　置かれている状況がどんなにひどくても、理解をしない人たちはこれからもあなたを苦しめることしかしないでしょう。ですから、あなた自身がこの相談文を寄せてくれた背景には、自分のことを理解してくれると思える人や経験との新しい出会いがあったのだと思います。

あなたのように深い傷を受けて家族から決別して生き抜く人がいる一方で、家族のことを何事もなく受け入れて生きている人もいます。そういう人に状況を理解してもらうことは、たやすいことではありませんよね。悲しい言い方かもしれませんが、理解してもらうなんてことは諦めて、いまのあなたの状況を理解してくれる人たちと新たな人間関係を築いていくしかないのでは、と思います。パートナーと二人でいまの生き方を選んでいる（選べている）ならば、すでに問題の多くは解決済みではないでしょうか。あなた自身は親から逃げる人生はアリと思っているはずです。新しい環境を選ぶことのできた勇気を元手に、これからの自分の人生を満喫していってほしいと思います。

（かつては冒険家）

A

まずは逃げましょう。でも、壊された人生を回復するためには、壊した相手と向き合う必要があるかもしれません。

あなたの状況は心身ともに生命を脅かされている状況だと思います。だから、あなたがその急迫不正の侵害から免れるために、ご両親から逃げ出すことは、まったく正当かつ必要なことだと思います。そのことをまず確認したうえで、一つだけ思うところを書かせていただきます。

スペインのプラド美術館に、ゴヤが描いた「我が子を食らうサトゥルヌス」という、なんとも恐ろしい絵があります。サトゥルヌスはギリシア神話のクロノスのこと。クロノスは、気に入らない自分の子どもたちを地下に閉じこめてしまう父ウラノスの男根をちょん切って打ち倒すのですが、将来、自分の子どもたちに同じことをされるという予言を恐れ、生まれてくる自分の子どもを次々と食いちぎるという神話です。ゴヤの絵はその場面を描いたものですが、かつてその絵の前に立ったとき、ああ、これは僕自身なのかもしれないと思ったことがありました。

あなたほどの苦しみではありませんが、僕もまた、亡父との間に深刻な対立がありました。それこ

「顔は、私を指名し、私を責任へと呼び覚ます。」

＊レヴィナス『外の主体』

そ暴君として君臨していた父親に対して、家族の誰もが口を差しはさめない家庭で育った僕は、物心ついたときから、そんな息苦しい家を早く出たくて出たくて仕方がありませんでした。社会人になっても心穏やかに父親と過ごすことはできません。ことあるごとに言い争いになり、数年間、実家に帰らない時期もありました。けれど同時に、どうしてここまで実の親を憎まなければならないのか、という情けない気持ちにもなっていました。

僕自身が、結婚しても子どもだけはもちたくないと思う根っこには、そんな父との葛藤が大きく影響していたと思います。それは、あたかも、父に向けた反逆の刃を、わが子からそのまま受ける運命にあることを恐れたサトゥルヌスのように、です。

退職してからの父は、社会とのつながりを失ったこともあり、ますます暴君ぶりをこじらせていました。それにふりまわされることに嫌気がさし、いよいよ「父さえいなくなれば」と存在そのものを許せなくなっていた、まさにその時期に、父の余命が残り三か月だという事実を、医師から家族だけに告げられたのです。そのとき、いろいろなことが頭のなかを駆けめぐりました。あれだけ拒絶していた父の余命も残りわずかだと知ったとき、淡々と過ごそうとする自分と、和解を試みるかと考えている自分とがいたのです。しかし、寝たきりの父の介護をしながら、病室ベッドの傍に付き添いはするものの、お互いに何もしゃべりません。それまでまともにしゃべったことがないのですから、何をどう話せばいいかもわからないのです。まして、家族会議で本人には余命告知をしないことに決まりましたから、それを前提に話すことなどできやしません。

ただただ沈黙の時間ばかりが過ぎるなか、父は亡くなりました。正直なところ、重荷から解放された気持ちは強かったです。けれど、時間が経つにつれて思うことは、結局、彼と和解する機会も可能性もなくなったということでした。つまり、僕がサトゥルヌスとして生きざるをえなくなった人生を修復することは叶わなくなったのだなぁ、という思いばかりが残ったわけです。

父が亡くなり、一〇年近く経ちます。私自身、子どもをもたない人生を選んだことに後悔はしていません。ましてや、その選択の理由を、父親との不和だけのせいにしたいわけでもありません。そんな父親の影に、自分の生き方を縛られる必要もないだろうとも思います。それでも、もしお互いの考え方を理解しあえていたならば、いまとは違った人生を歩んでいたのかもしれないと思う自分がいることも、また確かなのです。

子どもは親を選べない以上、その暴力の犠牲に甘んじる必要などありません。だから、相談者のあなたはご両親から逃げてください。それでも、ここで僕が自分の父親との関係を書きつづけたのは、いじめられっ子だった友人が、そのときに壊された人生の一部を取り戻せたと感じたのは、数十年ぶりに再会したいじめっ子から謝罪を受けたときだったと話していたことを思い出したからです。つまり、あなたが壊された人生を根本から回復したいと願うならば、やはり、それを壊したご両親と向き合うことが、いつの日か必要になるのかもしれないということです。もちろん、それができるようになるためには、ご両親にあなたが自分たちとは異なる「他者」であることを認める意識が芽生える必要があるでしょう。いまはただ、ご両親にその意識が芽生えることを願いつつ、お二人から離れることをおすすめします。


（田舎の世界市民）

●考えるための言葉

「良心とは、私に傷つけられた人の悲鳴の反響である。」

＊フォイエルバッハ 『唯心論と唯物論』

Q5

ラーメン男に悩んでいます。私自身も程度の低い人間なのでしょうか？

社会人七年目です。現在の会社へは転職して三年目ですが、どうしても毎日イライラが止まりません。毎日同僚が、狭いオフィスでカップラーメンを食べるんです。豚骨味が多く、においがきつすぎます。あまりにも朝からイライラするので、関係が悪くならない程度に注意する手立てを考えていました。すると、ある朝、カップラーメンの汁がこぼれて会社のパソコンが壊れ、上司の注意を受けて、ようやくカップラーメンを食べることをやめてくれました。しかし、次の日からは、汁気のないパスタをコンビニで買ってきて食べています。この問題の根本を理解しようとしない、常識のなさに絶望します。彼だけではなく、職場には本当にうんざりする人ばかりです。ポジティブに考えて、唯一彼らのいいところを見つけられるとすれば、仕事ができないのでうるさいことを言わないというところだけです。ただ、仕事のできる上司は、部下にあらゆるハラスメントを日々はたらいています。

大事な人生の時間なのに、こんな人たちと過ごしている時間が毎日の三分の一もあるかと思うと、本気でうんざりします。「彼らを無視しよう」と決意した朝でも、職場に着くと、明太たらこスパゲティの香りが、また私をイラつかせるのです。毎日そんな人と過ごさなくてはいけない私は、彼らと同レベルの程度の低い人間なのではないかと、むなしい気分にもなります。ちなみに、ゴミ箱に捨てる前に容器を洗うのはいいのですが、洗った後の水滴がゴミ箱周りに垂れていることにまたイラッとくるので、なるべく朝はゴミを捨てないようにしています。

（三〇歳・会社員・女性）

A

安心してください。一〇人いれば八人は、話のできない人間です。

なので、話ができる残りの二人を大事にしてください。どこへ行っても拘束時間の長い職場というのは、だいたいこんな割合の人間関係だと思います。この問題は、程度の高い人間、低い人間などという類いの問題ではありません。その八人は、違う文化の人間なだけです。そのラーメン男は、麵を朝食とすることにこだわる文化の人間なのでしょう。

（えほんの虫）

A

ときどき、お互いの「メガネ」を交換できるきっかけをつくりましょう。

人は、それぞれ世界の見え方が異なって見える「メガネ」をかけています。そのことに気づかされたのは、かつてのバイト先で女性の社員さんたちから、職場がどんなふうに見えるのかを教えてもらったときのことでした。

女性同士が職場の片隅で開く井戸端会議は、どの職場にもあるようですが、なぜか僕はバイト先でその「議場」に出入りできるようになったのです。そして、彼女たちの話を聞きながら、女性の目から見える職場風景が、あまりに僕と異なりすぎることに衝撃を受けたのです。〇〇さんは出世を狙っ

「我々が自分の自我だと思っている大部分は、実にとんでもない他人の自我である。」

＊大杉栄「自我の棄脱」（『大杉栄集』）

て必死に上司にアピールしていること、そんな○○さんをライバル視している□□さんとは犬猿の仲であること、××さんは男性に媚(こび)を売っていること、△△さんは勤務時間中に仕事をさぼっていること……。とにかく、まぁ興味がないとはいえ、まったく僕のアンテナに引っかからなかった話題に、同じ世界を見ていても、こんなに見え方が違うものなのかと、あきれかえったものです。そのとき印象的だったのは、そのなかの一人の方に「女の人は見ているよ」と言われた一言でした。ひょっとして僕も職場で居眠りこいたり、鼻をほじったりしているところを見られているのかもしれないと、内心ドキッとしたものです。

ところが、そんな話を聞いた後、不思議と彼女たちにしか見えない風景が見える「メガネ」を手に入れた気がして、それであらためて職場を眺めてみると、なるほどいつもと変わった職場風景が見えたような、新鮮な感覚を覚えたものです。だからといって、それらの話題に興味が湧いたり、それほど自分の行動が変わったわけではないのですが、しかし、女性にはこういう「メガネ」があるのかと思うと、ちょっとしたことも相手のノイズになるのかもしれないという想像力がつくものです。

ここでいう「メガネ」というのは、その人自身が外界を認識するときに通すフィルターと言ってもよいでしょう。カントさんという哲学者は、自分の外側に時間が流れているわけでも、空間が広がっているわけでもなくて、人間の知性のなかに時間と空間というフィルターが備わっていて、人間はそれを通してしかモノを認識できないんだよ、と言っています。時間と空間という枠組みは、人間一般に共通して備わる認識のフィルターなのかもしれませんが、もしかすると個々人のレベルでは、さらに複雑なフィルターをもった「メガネ」がつけ加わっているのかもしれません。

パワハラ上司だってセクハラ魔だって、僕は彼らの考え方を理解できませんが、彼らは彼らなりに自分をどこかで正当化する世界の見え方があるのではないでしょうか。ラーメン男も、もしかすると豚骨スープが、空気のように世界の一部に当然あるものとして感じているのかもしれません。だから、一度あなたの「メガネ」を貸してあげると同時に、彼の「メガネ」も借りてみるといいのです。

しかし、問題は、その「メガネ」をどうやったら手に入れられるのか、ということです。僕はたまたま井戸端会議に混ぜてもらえたときに、彼女たちのそれを入手できましたが、いつもそうできるとはかぎりません。パワハラやセクハラを一度体験してみればわかるというものでもありません。難しい問題です。それでも、その「メガネ」をかけることができれば、わかりあえないけれど存在は許せるというつきあい方になるような気がするのです。さしあたり、その「メガネ」を手に入れるためには、相手といろいろコミュニケーションをとることから始める必要はありますね。

（田舎の世界市民）

A

じっくり観察することから始めましょう。

職場でもどこでも、自分の想像をはるかに超える行いや習慣をもつ人っておりますね。同じようなことで、僕が経験したことを話せば、事務作業や窓口対応が主な職場で、職場内の装飾を自分の最重要優先事項ととらえ、始終折り紙と工作に熱中する「折り紙女」がおりました。その「折り紙女」に対して、たんに笑えるだけですまないのは、まったく仕事をしないその人間とチームを組まなければ

●
考えるための
言葉

「でも　あなたにとって　たいせつなのは　あなたが　あなたで　いること」

＊M・W・ブラウン『たいせつなこと』

ならず、仕事が増えたこと。さらに非常に腹が立つことに、その「折り紙女」は、少なく見積もっても僕の二倍弱の給料を毎月得ている、という事実でした。激しい競争原理のなかで生きていきたいとはこれっぽっちも思いませんが、しかし、終身雇用や年功序列の賃金制度に対して、ある程度の成果主義は必要だ、と心のどこかで思ったものでした。

では、こういう状況に対して何ができるのだろう？　と考えたときに、実際に行動を起こそうとした二人の人間がいました。一人は、自分が係長職となり、現状を上から変えてやると意気込んで、権力志向に進みました。女性だったので、仮に「上から女」と呼ぶことにしましょう。その「上から女」は、「いまは対等だから変えられない。だから命令と懲戒ができる立場に進んで、変えてやる」と始終言い放ち、その一年後、見事係長試験に受かり、念願の立場に進むのですが、タイミングとは面白いもので、係長になったがゆえに異動が決まり、別の職場へと移っていったのでした。結果的に言えば、「上から女」の異動があっただけで、僕がいた職場は何も変わらなかったのです。

しかし、「上から女」の後任できた人間が、「折り紙女」の行動を見事に変えたのでした。その人間はマネジメントをするような職層でもなんでもなく、対等な立場だったのですが、「折り紙女」を観察し、折り紙話をするなど、実によくコミュニケーションをとりはじめたのです。すると、ある瞬間に、パタリと折るのを止めたのでした。直接的な理由はわかりませんが、誰もが遠巻きに傍観し、腫れ物のようにしていた人間とやりとりを始めた彼が影響していることは、間違いなかったのです。

思うに、「折り紙女」の折り紙を助長させていたのは、周りの無関心さと関わりの断絶だったのでしょう。自分の行為に周りがどう感じているのか、どんな影響を与えているのか、何の情報も入ってこないがゆえに、続いていく。自分が周りから、少なくともあの人には見られていると感じたときに、自分の行為を見直すのかもしれません。

「一つでも面白いと思えることがあれば、その相手とコミュニケーションをとることはたやすい」が、「後任男」の言葉です。ラーメン男、あらためパスタ男、生理的に受けつけないかもしれませんし、感情をかきたてられる存在になっているかもしれませんが、新種の生き物を観察するように、じっくり眺めてみたらどうでしょうか。もしかしたら、相手に聞いてみたいことや興味をもてる部分が見つかるかもしれません。相談者さんからの関心を感じとったら、パスタ男は、パスタをついに止めるかもしれませんよ。

（22歳からの活動家）

Q6

夫婦の会話が成り立ちません。

現在結婚二年目、一歳の娘がいる専業主婦です。旦那とは職場で知り合い、つきあって四か月でのスピード結婚でした。当時、私は二八歳で、周りの友だちが結婚していくなか、結婚し子どもを産むことに焦っていました。つきあっている間から娘が生まれるまで、トントン拍子で進んでいき、彼は私の言うことを何でも叶えてくれる存在でした。ラブレターを書いてくれたり、つわりがひどいときは体をさすってくれたり、本当に優しい存在で、結婚も出産も何の迷いもありませんでした。現在も娘は本当にかわいいですし、彼と結婚した自分を否定するつもりはありませんが、最近は旦那とは会話らしい会話が成立せず、生活していくことに苛立ってストレスがたまっています。結婚当初は契約社員だった彼に、娘のことも考え転職して正社員の職に就いて

●考えるための言葉

「無はある。」
＊ヴァイシェーシカ学派

もらうと、夜勤のある勤務形態になりました。そんな状態に文句も言わず働いてくれるのはありがたいですし、経済的にも安定しました。ですが、帰宅後の日々の旦那の言動に気になることがあり、話し合って解決しようとすると、面倒くさそうな態度をとるのでケンカになり、すぐに彼は口をつぐんでしまいます。本当はもっと話をして、子育てや生活のいろんなことに協力してほしいけれど、もうどうやって会話をすればいいのかすらわからなくなってきました。最初は夫婦二人で話をしたいと望んでいた私も、娘と二人でいるほうが、ケンカも起こりにくくていいとすら思うようになり、諦めかけています。ただ、これから先の長い人生を考えると、諦めたまま夫婦関係・家族関係を続けていくことに虚しさも感じています。いずれ二人目の子どもも欲しいですし、家も建てたい。子どもがある程度大きくなったら、私自身も仕事に復帰して、経済的にもゆとりが欲しい。彼は黙ってこれらの私の願望を叶えてくれるかもしれません。だけど、このままコミュニケーションがとれない状態を続けていくことは、かなりのストレスです。世の中の夫婦はどうしているのでしょうか。

（三〇歳・専業主婦・女性）

夫婦といえども、互いに相手は一人の人間です。

夫婦の会話がないことに悩む人は多いですね。これにはすでにいくつかの答えがあるようです。相手に不満をぶつける前に、自分にしてほしいことばかりを考えていないか、相手をどれだけ思いやっているか、自分自身を見つめ直しましょう。男女で価値観や会話の作法が異なる傾向にあることを理解しましょう。「おはよう」「行ってらっしゃい」「お帰りなさい」「お疲れさま」など、ちょっとした声かけを怠らないようにしましょう。直接の会話が難しいなら、携帯メールや手紙などを上手に使ってみましょう。どんな形でもいいので、少しでも夫婦だけの時間をつくりましょう。「夫婦といえども、もとは他人」ということを忘れないようにしましょう……。

三〇年以上「夫」（そして「父親」）をやってきた私としては、最後の答えが比較的しっくりきます。夫婦といえども「もとは」だけでなく「いまも他人」、どこまでもお互い自分とは異なる一人の人間なのです（親子関係でも同様のことが言えると思います）。あえてそう言うのは、夫婦をやっていると、それを忘れがちだからです。おつれあいを見知らぬ他人と考えてみましょう。夜勤明けで疲れている人は、口数が少なくなったりイライラしますね。そんなときも夫婦なんだから話をして当然だと思いがちですが、他人だと思えば、彼は早く休みたいのだろうと思うはずです。たとえば私の場合、仕事上の問題で頭を悩ませながら帰宅して、妻の話を上の空で聞いていることを非難されたりすると、やはりイラッとします。でも、私の一日が彼女の一日だったわけではないし、彼女の一日が私の一日だったわけではないのです。

「夫婦といえども互いに相手は一人の人間」というのは、一つは、それぞれが自分の人生を生きているのであって、二人の人生が置き換わったり合体することは決してないということです。そして二つ目に、夫や妻という役割存在である前に、それぞれが一人の人間だということです。

たとえ夫婦であっても、それぞれの異なった人生を生きています。夫婦になることで、共にする時間や空間が多くなるとしても、二人の人生が合体する（「一心同体」になる）わけではありません。「私」はどういう生き方をしたいのか、出会った「あなた」がどんな存在なのか、結婚して「あなた」とどんな生活をしていきたいか、「あなた」と「私」の子どもにどう育ってほしいのか……、それは

●
考えるための
言葉

「人間は人間にとっての鏡である。」
＊メルロ＝ポンティ『眼と精神』

A

あくまで「私」の思いであって、「あなた」の思いとはかぎりません。パスカルという哲学者は、「人は一人で死ぬであろう。だから、人は一人であるかのごとく行動しなければならない」（『パンセ』）と言いました。なんだか寂しい人生観だと思いますか？　私はそうは思いません。むしろ、自分一人の人生を生きるしかない「私」にとって、「私」以外の誰かと共にする時間と空間がどれほど重みをもつのかを教えてくれていると思うからです。夫婦になった以上、相手がこうしてくれて当然、夫であれば、父親であれば、妻であれば、母親であれば、～して当然。そう思う前に、誰もが自分の人生を生きていることに思いを致してみてはどうでしょう。

ご相談の内容に戻りますが、おつれあいは家族のためにかなりがんばっているように思います。「私の言うことを何でも叶えてくれる」存在として、家族のために転職し、収入のいい夜勤の仕事もしているのですよね。ただ、彼自身の思いはどうなのでしょうか。あなたや家族のために何かをすることは、彼にとってもちろん大切なことなのでしょうが、おつれあいも誰のためでもない自身の人生を生きているはずです。自分と異なった一人の人間だという目で、彼のことを見直してみてはどうでしょうか。

（耳順くん）

「家族」としての夫婦関係から、「市民」としての夫婦関係にシフトしてみましょう。

まだ就職して間もない頃、同僚の先輩女性たちが、パートナー（夫）への不満を延々としゃべりまくっている姿を見ながら、年数も経つと夫婦関係って、こんなに変わるものなのかと不思議に思って

●
考えるための言葉

「はじめに言葉があった。」

＊「ヨハネ福音書」（『新約聖書』）

いました。あなたのおっしゃるように、家にいてほしくないとか、大きい子どもがいるようなもので邪魔だとか、顔を見るのも嫌だとか、そんなに嫌なら離婚すればいいのにとさえ思うのですが、そこまでは踏み切れないようなのです。そんな先輩方のあからさまな夫婦関係への不満を見ていると、結婚なんかしないほうがいいなとさえ思えてしまったのですが、冷静に分析してみると、どうも子どもの誕生という出来事がターニングポイントらしいということがわかってきました。

たしかに、出産を機に夫婦間に性生活に対する意識の齟齬（そご）が生じるという話も聞いたことがあります。一概には言えないのでしょうが、一方が性生活を求めても、その要求に対して他方が壮絶に嫌悪感を抱くか、興味を失うというのです。それは生物学的にも避けられない事態なのかどうか定かではありませんが、そのことを考えていると、夫婦は子どもができると家族になるのではなく、別の関係に入るのかもしれないということが見えてきました。

あるとき、年配の友人が「親友の○○さんとは家族としてつきあえるけれど、妻とは市民関係として接するしかない」と語っていたことがあります。親友とは、長期の旅行に行っても飽きもせずにいつまでもしゃべっていられるし、お互いに気ままに振る舞っていても、とても居心地がいい。それに対して、妻との生活は、やれ夕食が美味しくないとか、子どもの保育園への迎えが遅いとか、何時までに弁当をつくらなければならないとか、掃除・洗濯の仕方がまずいとか、約束事と取り決めを守らなければならないプレッシャーのうちにあるのだと言うのです。はじめのうちは、子どもができたことでかくも変わるのかと衝突をくり返していたそうですが、あるときから、これは家族という形態をとりながら、市民という別の関係に入ったのだと考えると、わりと衝突を避けられるようになったと言うのです。

市民関係というとピンとこないかもしれませんが、ある目的のために契約を交わし、その履行の義務を負うことで相互に利益を得られる関係だと言えばいいでしょう。恋人や結婚間もない夫婦関係では、お互いが目的だったので、わりと話題も尽きなかったりするものですが、第三者である子どもという存在ができたことで、それは子育てを中心とした目的共同体に変化せざるをえなくなるわけです。それによって、お互いへの関心がなくなることは寂しいことではありますが、目的がシフトした以上、以前のような関係での会話を取り戻そうとするのも無理があるような気がします。

では、市民関係に入ったからといって会話がなくなるのかといえば、そうではなく、子育てや家事といった共同目的のための話題は欠かせないものです。しかし、このターニングポイントを割り切れない状態では、夫婦関係の会話はどんどん失われていくような気がします。夫婦の間での会話を閉ざしてしまう背景には、「以前は違ったのに……」という思いを抱きながら、以前の相手との関係を前提に期待してしまうからではないでしょうか。それは言葉がなくても気持ちが伝わるとか、多少の無理は愛情でなんとかなるという幻想があるからではないでしょうか。

先にあげた年配の友人は、夫婦は市民関係だと割り切れた瞬間に、家庭内での課題を明確に語り合えるようになったと言います。そして、自分の時間を確保できるようになり、「家族」である親友との旅行も以前よりスムースに認めてもらえるようになったそうです。いかがでしょう？　夫婦は市民関係なのだと、お互いに割り切って、新たな目的に向かった会話と関係にシフトしてみては。

（田舎の世界市民）

ソクラテスの提言

私もあなたも一人の他者

1 本当の意味での「他者」？

この章での問題を、自己と他者、あるいは「私」と「他者」との関係をめぐる問題とまとめてみます。恋人関係・友人関係・親子関係・夫婦関係・職場の人間関係等々、私たちは「他者」といろいろな関係をとり結びながら生きています。本章の冒頭でも記されているように、私たちの人生がこうした人間関係によって織りなされているからこそ、「他者」との関係をめぐる問題が、自分自身の人生をめぐる問題になるのだと思います。しかし、この章で実のところ問題となっているのは、恋人関係・友人関係・親子関係などの人間関係が「私」と「他者」の関係になっていないことだとすれば、どうでしょうか。奇妙な言い方に聞こえるなら、こう問うてみましょう。「私」にとって恋人は「他者」なのか、友人は「他者」なのか、親は「他者」なのか、夫（あるいは妻）は「他者」なのか。相手は「自分」ではないのだから、「他者」と言ってよいでしょうか。しかし、そこにいるのは恋人・友人・親などではあっても、「他者」ではないように思います。

イリガライという哲学者が、「本当の意味で他者というものはまだ存在していない」と書いていました（「他者の問題」『女たちのフランス思想』）。ここで彼女は、「同等の価値と尊厳をもつ二つの主体」同士の関係を問題にしています。イリガライにならって、本章でとりあげられた恋人関係、友人関係、あるいは親子関係は、「同等の価値と尊厳をもつ二つの主体」同士の関係になっているだろうか、と

●
考えるための言葉

「本当の意味での他者というものはまだ存在していない。」

＊イリガライ「他者の問題」（『女たちのフランス思想』）

問うてみましょう。むしろ、つきあっている彼氏と彼女ならデート最優先が当たり前、友だちならLINEの書き込みに返信するものだ、子どもなら親の言うことに従わなきゃいけない、夫婦なら会話があって当然だ、という束縛のなかで、互いに異なった人間であるということ、お互いが「他者」であるということが見失われているように思います。社会関係や人間関係のなかではたらいている力によって、自由で独立の存在であるはずの一人ひとりが、「いたるところで鎖につながれている」(ルソー『社会契約論』)のです。では、お互いが自由であるような人間関係とは、「他者」との関係とは何か、本章の相談と回答を念頭におきながら考えてみます。

2 「家族」「友だち」「同僚」……というフォルダー

LINEへの書き込みや返信をめぐる悩みへの回答に、面白い指摘がありました。「心のなかに『家族』『友だち』『同僚』『知り合い』……と、フォルダーをいくつかつくって、そのフォルダーごとに交友関係を分類して、そのフォルダーの名前に沿ったつきあい方をしてきた」(えほんの虫さんの回答から)という経験談です。これを読んで、二つのことが思い浮かびました。

一つは、儒教(孟子など)の五倫(五つの人倫＝人と人の間で守るべき秩序)という考え方です。私たちがこの世で生きるということは、君臣関係・父子関係・夫婦関係・長幼関係(年長・年少関係)・朋友関係を生きるということであり、それぞれの関係で求められる徳、すなわち「義」(忠義をはたす)・「親」(親愛の情をもつ)・「別」(別をわきまえる、今風に言うと性別役割)・「序」(序列を守り年長者を敬う)・「信」(信頼で結ばれる)を守ることによって、社会秩序が保たれるのだそうです。先の回答者さんの言葉を使うと、私たちの人生は「仕事」・「親子」・「夫婦ないし恋人」・「友だち」・「知り合い」などというフォルダーでできていて、それぞれにつきあい方のルールが決まっており、それを守らないと人間関係がうまくいかなくなる、ましてフォルダーを間違えたりすれば非常識人間の烙印を押される、といったことでしょうか。職場の上司にタメ口で話しかけたりするとアウト、といった具合に。こう考えると、古代中国に始まった儒教文化が現代日本でも生き残っているように思えてきて、感嘆してしまいます。ただ、明治国家が儒教的な考え方を利用したということが大きいのかもしれません（たとえば明治政府が一八九〇年に発布し、敗戦後の一九四八年に廃止されるまで威力をもった『教育勅語（教育ニ関スル勅語）』の「爾臣民（なんじしんみん）父母ニ孝ニ兄弟ニ友ニ夫婦相和シ朋友相信シ……」）。しかし、一見麗しく見える徳目ですが、どこか窮屈に思えてしまいます。一つには、人と人の関係について、いちいち国家から指図を受けなければならないのかと思うからです。もともと道徳は指図的なもの（「すべし・すべからず」）ですが、自分で考えて自分に指図したのではなく（カントという哲学者の言う「自律」）、上から押しつけられたように感じられると、どんな立派な道徳もたんなるお説教になってしまいます。さらに、人間関係はもちろん相互的なので、自分という存在もまた、こういうフォルダーに収められているのだろうと想像されるからです。「心のなかに『家族』『友だち』『同僚』『知り合い』……と、フォルダーをいくつかつくって」いるのは相手もそうだとすれば、「私」は誰かの「家族」であり、「友だち」であり、「同僚」であり……。でも、たとえば「僕は、僕であって、彼氏という人間になった覚えはないぞ……」（「つきあう」ことをめぐる相談と回答）という思いが募ってきても、おかしくはないでしょう。

この「僕は、僕であって」という問題は後でもう一度考えるとして、もう一つ思い浮かんだのは、では、このフォルダーをつくらないとすると、相手はどんな存在になるのか、相手との関係はどうな

●考えるための言葉

「他の人に話しかければ相手も話す。これが人間のあり方である。」

＊バンヴェニスト『一般言語学の諸問題』

るのか、ということです。先の回答者さんは、「心のなかに『フォルダー』をつくらないことに決めました」と言っていました。「人」というフォルダー、あるいは「他者」というフォルダーをつくっても意味がありませんものね。そうすると、「仕事」・「親子」・「夫婦ないし恋人」・「友だち」・「知り合い」などというフォルダーに収まっていた相手は、どんな存在になるのでしょうか。いままで「お母さん」とか「お父さん」と呼んでいた相手は、「お母さん」でも「お父さん」でもない一人の人になります。いままで「彼女」と「彼氏」、「妻」と「夫」の関係でいた相手が、「彼女」でも「彼氏」でもなく、「妻」でも「夫」でもない一人の人になります。この「一人の人」とは、いったいどんな存在なのでしょう。すべてのフォルダーを取り払ってしまえば、宙に浮いた抽象的な存在しか残らないようにも思われます。しかし私たちは、思い返してみれば、フォルダーに収まった人とばかり接しているわけではありません。ここで私が念頭に置いているのは、「見知らぬ他者」との出会いです。フォルダーに収める前は、誰もが「見知らぬ他者」だったはずですし。藤田省三という思想史家が次のように書いていました。「『私は他者について考える。故に私は存在する。』となることが必要不可欠である……その言葉は『見知らぬ他者』としてそれら全ての物に接すること――そういう方法的態度――をも含んでいる。全てに対して『見知らぬ間柄』に立つ者は『初めて見る者』の不思議そうな眼をもってまるで『奇異なもの』を見るように物に見入る。……その物に対して『親密である者から見知らぬ者へと立ち戻ること』なのである。飼い馴らして自分の消費手段にしようとするのではなくて、初めての存在に接する事が含む『奇妙な不審』を我がものにすることなのである」（『全体主義の時代経験』）。フォルダーを外すということは、「飼い馴らして自分の消費手段にしよう」という欲望を断念することでしょう。あるいは、とりあえずフォルダーに収まっている相手が、それでも決して自分のなかに取り込んでしまうことのできない存在、理解し尽くすことのできない存在だということを思い知ることでしょう。そして、そのときに現れる「一人の人」こそ、「奇異なもの」であり「奇妙な不審」を抱かせる「他者」、「私」とは絶対的に異なった生を生きている「他者」と言っていいのではないでしょうか。

しかし、頭ではそう考えられるとしても、現実ではこのようなフォルダー外しは容易ではないと思われるかもしれません。絆（きずな）は同時に絆（ほだし）であり、絆（きずな）が強ければ強いほど束縛しつなぎとめる力（ほだし）もまた強いものになるからです。それでも、友人や恋人や夫婦や職場の同僚は本来「赤の他人」と考えれば、「一人の人」（「見知らぬ他者」）として見ることは不可能ではありません。実際に別れて「赤の他人」に戻ることもできます。「死が二人を分かつまで」という誓いに、残念ながら別れを不可能にする力はないのです。こう考えたとき、相手を「他者」として見たり接することがもっとも難しいのは、親子関係ではないでしょうか。個人的な話で恐縮ですが、私のいちばん年少の娘が中学生になったときに、私が「もうみんな大きくなったのだから、これからはお父さん役は終わり。お父さんのことを『○○（私の名前）さん』と呼ぶことにしよう」と言ったことがあります。しかし、私自身が半ば本気、半ば冗談で言ったせいでしょうか、二人の子どもはとりあってくれませんでした。ただ一人、障がいのある娘だけが、私の言葉をそのまま受け止めて、それ以来ずっと私のことを名前で呼んでくれています。たいていの人にとって、死ぬまで自分は誰かの子どもであり、（子どもがいる人は）誰かの父や母なのです。親子関係において、お互い一人の他者として向き合うこと、あるいは想像してみることさえ難しいのかもしれません。こうした親子関係をはじめとする家族関係の問題については、次章でさらに考えを深めるとして、ここでも少し触れておきたいと思います。

3 親から逃げる……

大学共同利用機関の「統計数理研究所」が一九五三年以来、五年ごとに実施している「日本人の国民性調査」に、興味深いデータがあります。それは、「あなたにとって一番大切と思うものはなんですか」という質問への答えです。自由回答を分類したものなので分類の仕方が妥当かどうかという問題はあるものの、直近の二〇一三年の調査結果では、「家族」という答えがダントツの一位でした（四四％）。ちなみに、二位は「生命・健康・自分」と「愛情・精神」が並んでいます（一八％）。この「家族」が一位に躍進（？）したのは一九八三年で（この年は三一％）、バブル崩壊以降の経済停滞と反比例するかのように上昇してきました。それ以前は、「生命・健康・自分」や「愛情・精神」のほうが上位にあったのです。ちなみに「金・財産」は低下の一途をたどり、二〇一三年は四％。なぜ、これほどまでに「家族」を大切に思うようになったのでしょうか。さまざまな理由が考えられますが、家族が絆（きずな）のいわば最後の砦になっているように思えます。自分を、かけがえのない大切な存在として無条件に受け入れてくれる（はずの）家族、逆に言えば、家族以外の人間関係は条件つきでしか自分を受け入れてくれないと感じられているのでしょうか。しかし、先に述べたように、絆（きずな）は絆（ほだし）であり、家族という絆を求めることは、その束縛にからめとられていくことでもあるのです。

そして、この家族関係の中軸は、家族が多様化したといわれる現在でも、親子関係にあるように思います。そこから幸福物語が生まれれば幸いですが、この絆にからめとられて「一人の人」あるいは「他者」であることが見失われると、一転して悲劇の舞台になってしまいます。先の相談「親から逃げる人生だって……」にあった、「両親から受けてきた恐怖」、そして「親から逃げる」ための海外移住。あるいは、家庭内暴力、子ども虐待、介護虐待……。「家族（親子）なのに、なぜそんなことを」と思いますが、家族（親子）だからこそ起こる悲劇でもあるのです。たとえば、いまや古典となっている二人の文学者が、こんなふうに書いていました。

芥川龍之介「親は子供を養育するのに適しているかどうかは疑問である。……子供に対する母親の愛は最も利己心のない愛である。が、利己心のない愛は必ずしも子供の養育に最も適したものではない。……人生の悲劇の第一幕は親子となったことにはじまっている」（『侏儒の言葉』）。

そしてもう一人、坂口安吾はもっとアイロニカルに、こう書いていました。「親がなくとも、子が育つ。ウソです。親があっても、子が育つんだ。親なんて、バカな奴が、人間づらして、親づらして、腹がふくれて、にわかに慌てて、親らしくなりやがった出来損いが、動物とも人間ともつかない変テコリンな憐れみをかけて、陰にこもって子供を育てやがる。親がなきゃ、子供は、もっと、立派に育つよ」（『不良少年とキリスト』）。

彼らは親子関係について悲観的すぎるでしょうか。しかし、家族（親子）関係の悲劇という現実を前にしたとき、これくらいの割り切った見方をする必要があるのではないかとも思うのです。だとすれば、たとえば「子どもが親から逃げる人生」だってアリだと思います。倫理学者の野見山さんは、子ども虐待や介護虐待など、家族による暴力の問題をとりあげて、「人間への依存」と「法への依存」を対置します（「家族の問題に口出しすべきじゃない？」『エシックス・センス』）。「家族のなかは『無法地帯』となり、『人間への依存』が強められてしまっている。たとえば、自分が親であるとか、子どもは保護されるべき弱いものであるといった法以外の規範や力関係によって、子どもの世話をしなければな

●
考えるための言葉

「私は、死んだ後も生き続けたいのです。」

＊アンネ・フランク『アンネの日記』

らないのは自分だといった具合に、親の生き方が子どもによって規定される。そして、それが強まれば、躾のためだとして暴力をふるう虐待にまで至る」と言います。親子という親密な関係（「人間への依存」）といえども、お互いが「一人の人」（「他者」）として尊重されていないとすれば、第三者（たとえば法）の介入が必要だという指摘は重要だと思います。

4　僕は、僕であって……

このように親子でさえ互いに他者であるべきだとすれば、どのような人間関係においても、互いが他者であることが求められるのではないでしょうか。「互いに」というのは、「他者とは」という問いは「私とは」という問い抜きには成り立たないからです。「他者」は「他である」という関係を表す概念であり、「他である相手」と「相手を他としている自（私）」の両方があってはじめて意味を成します。相手が「他者」であるということは、相手にとって「私」は「他者」なのです。言いかえれば、お互い絶対的に異なった「一人の人」だということです。この「一人」というのは、たんに数としての「一人」という意味ではなくて、唯一無二という意味合いをもつ「一人」です。「僕は、僕であって……」あるいは「私は私であって……」という思いは、「私はあなたではない……」と同時に「あなたはあなたであって……」という思いを含んで、お互いが異なった「一人」であるということを認め合うよう求めているのではないでしょうか。この問題を考えるにあたって、最後に、アーレントという思想家の示唆に富む文章を引用しておきます。

「Loneliness は孤独 solitude ではない。孤独は一人でいることを必要とするに反して、loneliness は他の人々と一緒にいるときに最もはっきりあらわれて来る……lonely な人間は他人に囲まれながら、彼らと接触することができず、あるいは彼らの敵意にさらされている。これに反して孤独な人間は独りであり、それ故『自分自身と一緒にいることができる』。……孤独が担っている問題は、この〈一者のうちにある二者〉がふたたび一者——他のものと決して混同されることのない不変の一者——となるためには他者を必要とするということだ。私が自分のアイデンティティを確立しようとすれば、全面的に他の人々に頼らなければならない。そして友情というものが孤独な人々にとって最大の救いであるのは……アイデンティティを回復させるからである。このアイデンティティのおかげで彼らは交換不可能な人格の単一の声で語ることができるのだ」(『全体主義の起源』)。

(耳順くん)

第3章 家族とパートナーシップをくみかえる

子育てや介護疲れによる虐待やドメスティック・バイオレンス。親子同士の共依存。不安定な家族のなかで育ったアダルトチルドレン。もっとも安心な居場所とされてきた家庭がいま、いろいろな面で機能不全を起こしています。離婚率や未婚率の上昇は、実はこうした家族のしんどさに対する無意識の反応なのかもしれません。

それだけではありません。昨今、恋愛やセックスを欲しない若者が増えていることが注目されていますが、これは恋愛結婚とセックスの独占を中核としてきた結婚制度の根幹を揺るがしかねない社会現象です。どうやら僕たちの社会は、これまでの家族のあり方が通用しない時代の曲がり角にきているようです。

しかし、あいかわらず世の中は家族をもたない、つくらない、続けない人びとに冷ややかです。「まだ独身なの?」という独身ハラスメントや、「子どもはまだ?」や「何で子どもつくらないの?」という「子なし」ハラスメントは、職場やご近所・親戚づきあいのみならず、政治の世界にもまだまだ根深くはびこっています。少子化や人口減が進むこの社会では、こうした「健全な結婚」ができない、あるいは選ばない人びとを異常だと見なすだけでなく、社会にとって迷惑な存在だと言わんばかりに排除する風潮すらあります。

もちろん、家事や育児、介護といった、従来家族が担ってきた機能が不必要になったと言いたいわけではありません。問題は、それら家族だけに独占させてきたものがうまく機能しなくなってきた状況を、どのように考えるべきなのかということです。現実の家族が限界にきているにもかかわらず、「健全な家族」ばかりを強調されればされるほど、かえって家族に息苦しさを感じざるをえません。そこから抜け出すための家族やパートナーシップのくみかえが、いかにして可能なのか。そのことを一緒に考えてみましょう。

Q1

結婚のいいところって、どんなところですか？

私には、つきあって三年になる彼がいます。とてもいい人で、彼と一緒に過ごしてきて、あらゆる意味で自分の人生は豊かになっていると思います。私も彼も、気質として自由人なタイプなのですが、一緒にいるときは、料理をしたり、話したり、リラックスして過ごしています。彼は、結婚したり子どもを育てたりするよりも、いまのようにお互いの生活を大事にしながら支え合っていける関係を続けていきたい、と話しています。私も、とりわけ強く結婚したり子どもをもったりしたいという思いはいまのところないので、このまま過ごしていけたらいいかな、と思っているのですが、心の片隅にちょっとだけ、結婚しないで子どももたないでいいのかな、と思ったりしています。なぜなら、私の周りで「結婚しないのも一つの道だよ」とか、「結婚制度に反対だ」と言っている人のなかにも、結婚している人がけっこう多くいて、それなりにいいことがあるのだろうな、と想像するからです。

結婚するって何なのでしょう。また、結婚のいいところってどんなところですか。（二〇代・会社員・女性）

●考えるための言葉

「愛情というものは、義理の鎖でもっている。」

＊マキアヴェッリ『君主論』

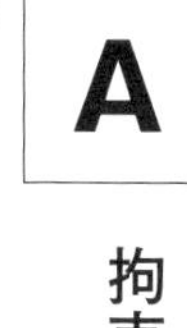

拘束と束縛がないと人間は逃げたくなるのです。

人生にとってもっとも大事なパートナー選びを、結婚という形で決着つけようとするのは、なんとも失礼な話だと、私はずっと思ってきました。だって、結婚というのは、当人たちが愛し合っているにせよ、二人の固い同意であるにせよ、たんに二人の気持ちを確認する行為というよりは、結婚という契約によって二人の関係が親族などの監視の下におかれるだけではなくて、法律によって国家という最大の権力者の管理監督の下でがんじがらめに束縛される行為だからです。つまり、結婚というのは二人の気持ちの確認ではなくて、二重三重に、外側から関係の解消を防止する装置なのです。お互いの純粋な気持ちを大事にしたいからといって、そんな法律的制度に縛られるなんて、一八〇度自由に逆らう行為だから大反対なのです。だから、一九九九年にフランスで成立したPACS法のように、相互の意志を尊重して、性的独占関係を制度の中核とせずに（したがって性愛関係があるかないかは決定的ではなくなる）、一定の社会的保護を与えるような法律ができたときは、思わず拍手喝采したけれども、こういう法律は日本では難しいだろうなと思ったものです。

とはいえ、法律が変わらないことはともかく、日本社会がいっこうに結婚制度に距離をとったり、相対的になったりしないのは、結婚制度の問題点をあまり知らない若い世代の認識不足のせいにするのもどうかなと思い、じっくり考え直してみました。でも、結婚がいいという理由は、子育てのための保障装置という面を除けば、思い浮かびませんでした。ところが、あるとき、私が望んでいる人間関係とは異なるものをみんなが求めているのではないかと、ふと思うに至りました。実は拘束と束縛こそ、みんなが求めているものではないか、ということです。

では、本当に束縛を望むなんてことがあるのでしょうか。動物だって身体を拘束されることをものすごく嫌うし、何かやりたいものを禁止されたり制約されるのは、ほとんどの人が大嫌いだと思うのです。いったいどういうときに、そんな束縛を願うのでしょう。一つは、露骨に言えば、人間のなかでいちばんの恐怖である孤独からの解放です。いったんは一緒に長く暮らしていけると思った相手が、突然、気持ちが変わったと言って、勝手に関係を解消されては困るのです。一方の人間の心変わりは、他方のパートナーを突然、寄る辺のない孤独の地獄に送りこむことになります。そんな勝手なことをしてもらっては困るのです。なぜなら、孤独こそ人生最大の障壁だからです。結婚しさえすれば、誰が何と言おうと、そんな簡単には関係を解消できないのですから、突然の孤独という人生の危機を回避できる保険になるのです。

ここには、恐ろしい真実が隠されているのかもしれません。人間は愛が永遠に続いたらいいなと思っていながら、もう一方では、そんなに長く愛が続くわけがないことを、実はよく知っているのかもしれません。おそらく、結婚したり、子どもを産んで、法律的にお互いを束縛しあうことによって、一時的な気持ちの揺れや不安から解放され、孤独という恐ろしい問題から解放されると知っているのでしょう。

しかし、結婚が受け入れられてきた理由は、もう一つあるように思います。これはよく考えてみると、きわめてリアリティのある問題です。私も、思わず考えこんでしまいました。仮に、これまで元気だったパートナーの彼女が、ある日突然、交通事故に巻きこまれてしまい、重傷を負ったとします。運悪く、重度の後遺症が残り、まったく身体の自由がきかず、ただ首から上だけが自由に動かせると

●考えるための言葉

「女にとっては暴力であるものが、男にとってはセックスである。」

＊マッキノン『フェミニスト国家理論に向けて』

いう状態になってしまったのです。彼女はすでに両親が死んでおり、兄弟もいなかったことから、ほかに世話をする親族もいないのです。となれば、私はこの後の人生をすべて彼女の介護というかサポートのために捧げて生きることになるのです。結婚している以上、ここで逃げたら、世間は絶対に非難囂々でしょうし、本人だって深く傷つくでしょう。（ただし、現実にはそういう残酷なことも起きるものです。世界に名をとどろかす指揮者でもあり、ピアニストでもあるダニエル・バレンボイムは、かつて、これまた二〇世紀最高の女性チェリストといわれたジャクリーヌ・デュプレと結婚し、お互いに忙しい生活を送っていました。しかし、あるとき突然、デュプレは多発性硬化症という重い病気にかかり、肝心の指が動かなくなって、最後は身動きもままならないなか、悲劇的な死を遂げたのです。そのさいバレンボイムは、困難に陥ったデュプレに対し献身的に介護をしたのかといえば、残念ながらそういう美談は生まれなかった。デュプレの存命中に、バレンボイムは他の女性との関係ができ、事実上二人の関係は終わってしまったのです。私は、一方で、バレンボイムをひどい男だなと思いつつも、他方で、ためらいもなく彼を非難できるかといえば、いささか躊躇してしまいます。彼のようにありあまる才能の持ち主に、活動を諦めて彼女の介護のために全生活をかけろとは、言いにくいことも事実なのです。）

どういうわけか、そこで、結婚しているから腹をくくるしかないかと考える自分がいるのです。つまり、相手が決定的な危機に陥ったり、ひどく苦しい状況にあるときに、一身の生活をなげうってでも関わるべきだという倫理的強制感が、結婚というものには含まれているような気がするのです。だから、逆説的に言えば、自分もルンルンの上り調子で、お互いに楽しいことしかないという雰囲気のときに、結婚をするものではないのです。むしろ、人生の危機に対する安全保障システムとして、自分もその覚悟をして入りこむ危険な保険契約だと思います。そんな面倒くさい人間関係なんて、何で結ばなくてはいけないのか。私は当分、自分で自由に生きていくからいいわ、という声が聞こえてきそうです。

私もそう思うのです。結婚するなら、これは相互生命安全保障システムとしての保険契約だという自覚をはっきりもつことが必要です。孤独が嫌だからといって、犬猫代わりに相手と結婚するなんて最悪です。そういえば、犬猫に対してもそういう風潮が広がっていて、ペットとして飼っている間はかわいがっても、手に負えなくなると捨ててしまい、捨て猫・捨て犬がどんどん増えて大変だというのです。結婚制度が、徳川綱吉の「生類憐みの令」みたいなものだというのでは、結婚の本質をとらえそこねることになるでしょうか。しかし、少なくとも結婚は、どう見ても幸せのシンボルというよりも、不幸や困難を支え合う保障契約システムです。でも、それなら、結婚の時期はもっとずっと遅らせたらどうでしょうか。五〇代や六〇代以降になってから、身体の健康や将来に不安をもったときに考えてみたらどうでしょうか。あるいは、若いときに結婚したいのなら、頭がおかしくなるほどの激務である子育てのための連帯責任組織として位置づけたらどうでしょうか。

どうも現状の結婚というのは、いろいろなものをごちゃごちゃに詰めこんで、各人がそのなかのいくつかを勝手に都合よく夢見てやる行為に見えるのです。この同床異夢的な悲劇を避けるためには、お互いがどういうことを結婚に期待し、どういうことを結婚に伴う労苦として引き受けるのかを、しっかりと文書にして確認したほうがいいと思うのですが、神様はいたずら好きですね。愛し合っている最中は、そんな契約書なんかまったくいらないように見えるのですから。

（人生実験くん）

A

時代の転換期において世間の目をそらす「隠れ蓑」として有効です。

「結婚制度なんていらない」と思っているにもかかわらず、結婚した者です。しかも、私たちは子どももをもたないライフスタイルを選択しているので、正直、結婚する意味はほとんどありません。そんな私たちが、なぜ結婚を選択したのか、いや、せざるをえなかったのか、お答えしましょう。

そもそも「パートナー」という言葉に当たる日本語には、相手、協力者、相棒、仲間、つれあい、配偶者、同棲相手、共同経営者、組合員……など多義的な意味合いを含んでいます。私の場合、妻に対しては「相棒」という意味が近いかなと思っていますが、だからといって、それをもって「一生の伴侶」と決めつけるわけにはいきません。人生、終わってみなければわからないことばかりです。出会った当時は「運命の人だ」と思ったとしても、途中でまったく運命を感じなくなることだって大いにありうることでしょう。そんな多義的で当てにならない人間同士のパートナーシップの自由を、「結婚」という形式だけに束縛されたくないという思いで、結婚制度なんていらないと考えていたわけです。

ところが、世間というところ（とくに田舎というところ）では、その内実はどうあれ、年頃の男女が二人でショッピングしていたり、映画に出かけたりしていれば、それは「二人は恋愛関係にある」のではなく、「恋愛関係でなければならない」し、結婚している男性が外で女性と二人で楽しげに食事していれば、不倫を疑う目で見るものです。アパート一つ借りるときでさえ、結婚を前提としない同棲は大家に断られるし、地方銀行員の友人に聞いたところによると、「信用第一」とする仕事柄、社内恋愛が発覚すると上司から別れるか結婚するか、どちらかの選択を迫られるそうです。同性愛者の場合には、パートナーシップそのものが偏見の目にさらされるわけですから、それ以上の大きなプレッシャーがのしかかることは想像にかたくありません。

誰と、どうつきあおうが、暮らそうが、当事者同士の自由だろう。「結婚制度なんていらない」という背景には、こうした思いがあるわけですが、しかし「世間」という現実に直面したとき、まず理屈はさておき、「仮面」をかぶりながら世間に譲歩するところは譲歩し、自分たちの守るべきものは守り抜くという処世術が必要になる場面があるものです。結局、私たち夫婦は事実婚も検討したうえでなお、世間から干渉される余計な負担を軽減しながら、できるだけ自由気ままな二人暮らしを確保するために、法律婚という「隠れ蓑」をまとうことを選びました。

かつて石川三四郎というアナーキストは、親子ほどの年の離れた望月百合子とパートナーシップを組むうえで養子縁組を結んだといいます。彼らの間には思想的同志としての関係性から情愛関係、家庭生活を送る家族関係など、一口には割り切れない多義的なパートナーシップ関係があったようです。たんに思想的同志という関係であれば、養子縁組など必要ないでしょうし、逆に法的な親子関係において情愛があったとすれば、それはそれで世間をざわつかせる種となるでしょう。そうであるにもかかわらず、養子縁組という法的な関係性をまとうことでしか、二人が一緒に生活をともにすることを世間に納得させられなかったのかもしれません。

これは、「下手に波風を立てずに世間の現実に適応せよ、それが自分も周りも幸せになるための条件なのだ」と言いたいわけではありません。時代の転換期と言うと大げさですが、ひとまず世間が納得する「結婚」という形式で確保される自由もあるだろうということです。面従腹背。何食わぬ顔で

●
考えるための言葉

「性的共同体とは、ある人間が他の人間の生殖器および性的能力についてなす相互的使用である。」

＊カント『人倫の形而上学』

踏み絵を踏む隠れキリシタンのように。でも、きっとそんな価値観は風前の灯火なのかもしれません。

いまや生涯未婚率（五〇歳時点で一度も結婚したことのない人の割合）も男性一九・三%、女性九・九%となっており、一九八〇年と比べて男性で一六・八ポイント、女性で五・三ポイント上昇しています（『平成二七年版厚生労働省白書』参照）。この背景をもって事実婚の上昇と一概に断じるわけにはいきませんが、それでも結婚それ自体が、現代の生活と齟齬をきたしている一つの現象と見てもよいでしょう。フランスでは事実婚が主流となっていますが、同時に婚外子の割合も過半数となり、もはや法律婚を前提としない新しいパートナーシップや家族の考え方が定着しています。それがPACS法として実現したということでもあるでしょう。つまり、結婚を前提としないパートナーシップの形成が、かつて偏見の眼差しでとらえられていた婚外子や同性愛といった新たな人間関係を平等のもとで測り直されているのだと思うのです。

もちろん、私自身はこうした動きには大賛成です。しかし、時代の価値観というものは一朝一夕に大転換するものでないことも、また事実です。すると、私のように世間のプレッシャーに臆病な人間のなかには、ひとまず旧体制に乗っかることで「隠れ蓑」を装いつつ、内心では新しいパートナーシップのあり方を応援しているというタイプが少なくないのではないか、と思うのです。

そこで、私なりにあなたの相談に答えるとすれば、結婚制度に反対していても結婚してしまうのは、けっして結婚がいいものだと思っているからではなく、旧い価値観が支配的な生活環境で生きていかなければならない現実と折り合いをつける処世術にすぎないからだ、ということなのです。だから、もし、相談者のあなたが結婚しなくてもよい環境にあるのだとすれば、それはそれでとてもよいことなのだと思います。周囲の妄言にふりまわされず、あなたとパートナーとが自然につながっていられるつきあい方を続けてみてはいかがでしょうか。

（田舎の世界市民）

Q2

結婚ではなくて、同性同士のつきあいを認めてほしいだけなんですが。

小学生の頃、女の子しか好きになれなくて、自分はちょっと変わっているのかなくらいに思っていたんですが、それからいろいろな人と出会っていくうちに、「あぁ、自分はビアン[*]なんだ」とわかりました。親には絶対言えません、理解してくれるとはとても思えないので。いま、親には内緒でつきあっている彼女がいて、できたらその子とずっと一緒にいたいと思っています。結婚という形にこだわっているわけではないです。でも将来、たとえば相手が亡くなっても自分は家族席にはいけないと思うと、寂しい気持ちになることも事実です。また、死別か別れるかしたとき、女一人で生活できるんだろうかという不安もあります。私の知り合いには、諦めて男性と結婚した子もいました。実家を継がなきゃいけないということもあったようですが。いっそのこと、私も男性と結婚しようかと考えるときもあります。三〇歳が近づいてきて、先のことを考えてしまうんですね。同性同士がつきあうことを、周りが結婚という形で祝福してくれなくても、せめてそれもアリだよね、くらいに理解してくれれば、もっと楽に考えられるんですけど、ほとんど無理ですよね。

（二〇代・会社員・女性）

＊　レズビアンの略。

●考えるための言葉

「薔薇の花を別の名前で呼んでみても、美しい香りは失せはしない。」

＊シェイクスピア『ロミオとジュリエット』

A

いずれも苦しいけれど、まずはパートナーの人と話し合ってみては？

以前、ミャンマーにあるゲストハウスの古い本棚で、一九八〇年代に書かれた小説を見つけて読んでみたことがあります。そこに、「ハイミス」って言葉が出ていたんです。「何だろう？」って読み進めると、どうやら、その意味は「婚期を逃した独身女性」であるらしいことがわかりました。いまはもう、誰もそんなふうに言う人はいませんね。そんな感じのことって、世の中たくさんあるんだと思います。たとえば、バブル経済で好景気があったかと思えば、不景気になって世の中の見方や価値観がガラッと変わるとか。身近なことで言えば、私が学生の頃、一人で一か月韓国へ語学留学をしたことがあります。そのとき、誰もが「何で韓国語なんて勉強するの？」という雰囲気だったのに、その言っていた本人が、いまとなっては韓流ファン！　一〇年ぐらいで世の中の見方が一気に変わるんだと実感しました。

同性同士や、いまの日本のなかで受け入れられにくいパートナーシップの関係についても、戦後徐々に時間をかけながら変化している最中だと思います。とはいえ、当事者としてそのなかを生き抜くには多くの困難があり、エネルギーが必要ですよね。ただ、社会からどう見られるか、社会のなかでどういう立場であるか、ということに自分の人生を委ねすぎると、そのつど社会の変化にふりまわされる人生になり、それもまた苦しいことではないでしょうか。

いずれにせよ、苦しいことがあると思いますが、まずは、いま一緒に生きていきたいと思っているパートナーの人と、よくよくあなたの困難を話し合ってみてはいかがでしょうか。いちばん大事なのは、あなたとパートナーの方との関係性だと思います。それは、どんな人間関係においてもそうではないでしょうか。社会に合わせることができないということは、よく考えれば、あなたらしい関係性をつくりあげていくことができる可能性があるということだとも思います。

（えほんの虫）

A

問題を先延ばしするという方法もあります。

私が子どもの頃には、「女性が結婚するならクリスマスまで」と、女性の人生がクリスマスケーキに例えられていました。二四歳までがピーク、二五歳からは売れ残りという意味です。いまでは女の人生がクリスマスケーキに例えられることはなくなったものの、女性がもし子どもを産むならば、医学的・生物学的な背景から結婚が語られることは以前より多くなってきたように思います。海外に長く住んでいる日本の方とお話したときに、「少子化」という言葉がその方の語彙（ごい）にはまったくなく、日本での未婚率の上昇、平均初婚年齢の上昇とともに使われるようになったと気がついたことがあります。日常当たり前に使われる言葉も、社会の状況に応じて新しく生み出されているのだと思います。

前の回答者の方が書いているとおり、時代が変わって結婚制度も変わっていくことと思います。今後、結婚が男女という組み合わせだけに限らなくなっていくことは、二〇一五年に渋谷区で交付されることになった「パートナーシップ証明書」、世田谷区で発行されることになった「パートナーシップ宣誓書受領証」でも明らかです。誰と暮らしていくか、生きていくかということを突きつめていけ

●考えるための言葉

「『女らしさ』という言葉から解放されることは、女性が人形から人間に帰ること。」

＊与謝野晶子「『女らしさ』とは何か」（『評論集』）

ば、男女という組み合わせだけに限らない、同性同士だってあるのだと、このニュースで初めて気がついた人もいたでしょう。

このように社会では制度が少しずつ変わる一方で、生活していくうえでつながっていたい人との間での理解が進まないことが、あなたの心配のように感じます。あなたの「ビアン」である現実を、親という身近な人が受け入れてくれそうにないのですよね。親を無視することがなかなかできずにいるので、いまの状況は辛いことでしょう。

でも、現状を打破しようとする解決策が、あなた自身が必要としていない男性との家庭生活なのでしょうか？　三〇歳が近づいて焦っているのは、男性と結婚するなら、女性の婚期を逃すことになるから？　結婚する人は、何歳になってもしていますから、ご安心を。

将来の生活のため？　女性一人で働いて生活することが想像できない？　結婚しても離婚することだってあります。未婚だから女性一人で生きることになるとはかぎりませんよ。

お葬式の席で家族席に座れない？　家族断絶で家族席に座れない人だっています。同性のパートナーだから座れないなんて、いまから決めつけないで。

いまのあなたの周りは、「ビアン」を理解できない人や「ビアン」を理解したくないという人が大きな声で主張しているかもしれません。そういう人たちが、いきなり「ビアン」の理解者になるとは思えません。ですから、抱えている問題は、解決を少し先延ばしにしてみてはいかがでしょうか？あなたのなかで彼女といたい理由だけ見つめて、しばらく彼女と暮らしていくのはいかがでしょうか？

（かつては冒険家）

Q3

子どもをもちたくないと思うのは「不自然」なことなのでしょうか？

子どものいない女性です。夫と二人暮らしです。子どもをもたない生き方を先に志向し、それを表明した（誠実にも結婚前に！）のは夫でしたが、「家庭」というものに対して懐疑的だった私も、その考え方に遠く隔たりを感じるものではなく、有言実行（？）で四〇代に突入しました。夫婦とも仕事やライフワークに忙しい毎日を送っており、「子どものいない寂しさ」など感じる暇もないのが実際のところです。

しかし、ふとしたときに思うのは、子どもがいないことをよしとする私は、逆にものすごく寂しい考え方の持ち主なのではないかということです。人間も生物の一種として自分の子どもを残したいと思うのが「自然」とするならば、自分は「自然」から遠ざかってきてしまったのでしょうか。

一方、「本能つまり自然のなすがままにではなく、考えて生きるからこそ人間なのだ」とも言えます。つまり、子どもをもつかもたないかを「選択」して生きるのが人間、とも言えるわけです。

この「自然」と「選択」について考えはじめると、心がもやもやします。今後の心の持ち方として、心の落としどころを見出したくて、そのヒントをいただけませんでしょうか。

（何か劇的な変化が私に訪れたとしても、もはやこれから実際に子どもをもつ可能性はかなり少ないとは思いますが……。）

（四〇代・公務員・女性）

考えるための言葉

「文明度を測る尺度は、そこでマイノリティがどういう待遇を受けているかだ。」

＊スーザン・ソンタグ（インタヴュー）

A

「子どもをもちたい」という感情も反自然なのです。

男だからでしょうか。僕は昔から、「子どもが欲しい」という感情をまったく理解できない人間でしたので、友人に子どもができると、いつも「どうして子どもをつくるの?」と疑問を投げかけてきました。それに対して、たいていの人は「自分の子どもはかわいいから」とか、「自分やパートナーの子どもに会ってみたいから」、「女として生まれたからには、一度は経験してみたい」と答えてくれるのですが、よくそれだけの理由で、あんな何をしでかすかわからない存在をつくりたいと思えるなと、いまだに理解できずにいます。実際のところは、本人たちも、その理由をよくわかっていないのではないでしょうか。だから、その感情を「自然」と見なすほかないのかもしれません。でも、それってずいぶん怪しくないですか。

たしかに、「子どもは未来の宝だ」という行政スローガンや、お子様グッズのCM、ヒューマンな親子物語のTVドラマ、晩婚化と不妊の深刻化を喧伝するニュース番組に囲まれた社会に生きていると、あたかも「子どもを欲しくないのは、人として間違っているの?」と、自分を責めるようになるのも無理はないでしょう。でも、出産・育児を促す社会的なメッセージはいくらでも見つけられますが、その反面、「子どもはいらない」という声は、不思議なほど不問にされています。それだけではありません。さまざまな事情で人工妊娠中絶に踏み切らざるをえなかった女性、あるいは夫婦にとって、「子どもをもちたいのは自然な感情」という考え方は、その罪悪感を強調されるだけです。

ある地方都市の大学病院に勤める産婦人科医の知人によれば、そこで施術される人工妊娠中絶の数は一日当たり一五名前後だそうです。もちろん、そのなかには泣く泣くその選択に踏み切らざるをえなかった人が少なくないでしょう。しかし、それを割り引いても、無邪気に「子どもが欲しいのは自然な感情だ」というには、残酷にあまりある数字だと思うのです。それを「自然」とだけで処理することは、自分の生き方や子どもの生命とは何かという問題から、目を背けさせてしまうだけではないでしょうか。

かつて「DINKS」(Double Income No Kids　結婚後、子どもをもたずに、夫婦とも職業活動に従事するライフスタイル)という流行語が、自由なライフスタイルを謳歌する言葉としてあてがわれた時期もありますが、やはり、そこでも「子どもをもたない」ことが、「反自然的な自由人の登場」くらいの意味にしかとらえられていなかったのではないでしょうか。不幸にも、バブル時代と重なった時期だけに、カネと自由が同一視されたかのような文脈でしか、そのライフスタイルを評価できなかったことが、さらに誤解を招いたようにも思います。

僕はこう思うのです。自然なのは性衝動だけであって、子どもを欲する感情なんてものは、かなりの程度、社会的文化的につくりあげられたものなのだ、と（いや、性衝動ですら、実は、かなり社会的につくられたものだと思うところがありますが）。だいたい、かつて「子ども」は、お世継ぎや働き手として手段的な存在だったことを考えると、はたして「理由なく欲しい」対象だった時期なんてあったと言えるでしょうか。それとも、いまや封建制や貧困から脱して、ようやく目的それ自体として子どもを求められる幸せな時代になったのだとでも言うのでしょうか。僕は、それはナイーブすぎる見方であって、本当は、「自然」とされながらも、その実、何かの社会的な欲望に加担させるためのイメージにすぎないのではないか、と疑っているのです。かつて、「産めよ増やせ」と戦争に生殖

●
考えるための言葉

「誰かがほしいから子どもをつくる。これはおそろしいことです。」

＊ボーヴォワール『自身を語る』

行為が加担させられたように。

「人間は本能の壊れた動物だ」と言う倫理学者の友人がいます。本来、動物として種の保存を遺伝子に埋めこまれた人間ですが、進化とともに避妊や自慰行為、はたまた同性恋愛という生殖を目的としない性文化を生み出してきたと言うのです。だから、すべての性行動は文化に規定されている、というのはもちろん無理がありますが、「子どもをもちたいという感情」もまた、「子どもをもたないという選択」と同程度に、文化的に形成されたものなのだ、ということを考えてみてもよいのではないでしょうか。それが動物にはない「人間的な自由」ということと密接不可分であることは疑いないと思うのですが、問題はくり返すように、日本はその意味を「わがまま」とか、「カネ」の問題としてしか理解できない社会的な病にかかっていることなのです。その病から回復させる旗手として、「子どもをもたない自由」のまっとうさを訴えてみませんか?

（田舎の世界市民）

「自分の子ども」と語られない社会になることを願って。

いまから約三〇年前の高校生のとき、自分のライフプランというものをつくる家庭科の宿題が出されました。横軸に年齢が書いてあり、自分のライフイベント（就職、結婚、出産、育児、子育てなど）を入れるようになっていたと記憶しています。この宿題、本当に苦戦しました。というより、全然できなかったのです。進学を考えている私にとって、数年後の大学生活でさえ想像できない（そのうえ、大学に行けるかという受験の心配も大きくあった）のに、その後のライフイベントである結婚や出産などをどう記入すればいいのだろうか？　さんざん悩んだあげく、教科書の図とほぼ同じように記入して提出したのでした。周りの友人は、むしろ面白おかしく自分のライフプランをいくつもつくりあげて、楽しく話していたことが思い出されます。真面目に考えず、妄想力や想像力だけで適当にこなしてもよかったのでしょうが、私にはそれができなかったのです。

この出来事から三〇年経ちましたが、このことに取り組めなかった理由をよく考えます。むしろ「高校生から私の運命って決まっていたのかも」と、いまだに結婚していない言い訳でも考えるのです。とくに、女性として経験するかもしれなかった出産、育児、子育てをしていないことへの言い訳でも考えることがあります。

自分のライフプランは書けませんでしたが、高校生の私は子どもが欲しくなかったわけでは決してありませんでした。むしろ子どもには興味があって、どんなふうに子どもは育つのか、育つなかでどんなことを語るのか、こういったことは高校生の頃からとても興味があったのです。でも残念なことに、大人になってから、結婚の先に出産や子育てがあると考える男性にしか出会わなくて、今日まで出産も育児も子育てにも関われずにきてしまいました。どうして、結婚の先に出産や子育てがあると考える人が多いのでしょうか？　私は四〇代で未婚ですが、年齢からいうと自分が妊娠する可能性からかけ離れています。もしこれから結婚したとしても、自分の子どもをもつことはないでしょう。ですから、いまは、自分の子どもではなくても、可能ならば子育てという経験だけでもしてみたいと思っているのです。

相談者のあなたの場合は、結婚をされていて、「子どもをもつ（もてる）」という最初の選択肢が用

●
考えるための言葉

「それでも僕は、黄金のアフロディーテと寝てみたい。」
＊ホメロス『オデュッセイア』

意されているから悩みが深いのでしょうね。パートナーとの話し合いで、「子どもをもたない」と、どんなに強い意志をもって暮らしていても、「子どもをもつ（もてる）」という可能性があるのにそれを放棄していると考える人が周りにたくさんいると想像できるからです。そういう人からの心ない言葉や視線にどう応えたらいいのか、悩みは深いことでしょう。

四〇代になって自分の子どもをもつ可能性が（生物学上）低くなって、私のなかで「子どもをもつ」「子どもを産む」「子どもを育てる」と全部分けて考えるようになりました。さらに、「子ども」とは「自分の子ども」を指すだけではないと考えることが重要ではないかと思うようになってきました。そう思うようになったのは、子どもを「もつ」「産む」「育てる」ということに直面した女性が結婚という言葉や制度で片づけられてしまったり、「自分の子ども」ということにこだわるあまり「子ども」という存在に苦しんだり苦しめられたりする女性に出会ってきたからです。たとえば、あなたのように決意をもって「自分の子どもをもたない」人や、不妊などによって「自分の子どもをもつ」ことができない人、「子どもをもつ」ことが結婚という制度の下でできなかった人に、強い苦しみが与えられている場面を見てきたからです。私の場合は、結婚していないということが、「子どもを育てる」ことについての社会的役割をすべて放棄していると思う人がいることに、現に苦しんでいます。

自分の生き方を人から理解されないことほど苦しくて、本当にもやもやする気持ちはありません。けれども、冷静に考えてみてください。お互い四〇年間生きてきて、「自分の子ども」をもたなくても産まなくても、「子ども」にできることは直接的でも間接的でもたくさんあると思いませんか？これからは、一人の人間が育つ過程で、所有物みたいに「自分の子ども」と語られない社会を一緒につくっていきませんか。

（かつては冒険家）

Q4

パートナーに子どもがいることがわかりました。その子どもと本当の家族になれるでしょうか？

いま、おつきあいをしている女性がいるのですが、その方に別の男性との間で生まれた子どもがいることがわかりました。彼女に、これから子どもも含めて一緒に暮らすことを提案されたのですが、はっきり言って戸惑いを感じてしまいます。

自分の両親にどう説明するかとか、結婚するのかしないのかなどの不安ももちろんありますが、いちばんの心配は、自分と血のつながりのない子どもを本当に好きになれるのかどうか、ということです。子育てをやったことがありませんので想像でしかないのですが、おそらく子どもとの間でうまくいかないことや、葛藤が生じることもあるだろうと思います。そうしたときに、結局、自分の子どもではないからだという考えが、頭に浮かんできてしまうのではないかと思うのです。血のつながりのない子どもと一緒に暮らすことは、できるものなのでしょうか？

（三〇代・フリーランス・男性）

●
考えるための言葉

「愛というものは、管理（コントロール）されればもう愛ではなくなる。」

＊ブレヒト『転機の書』

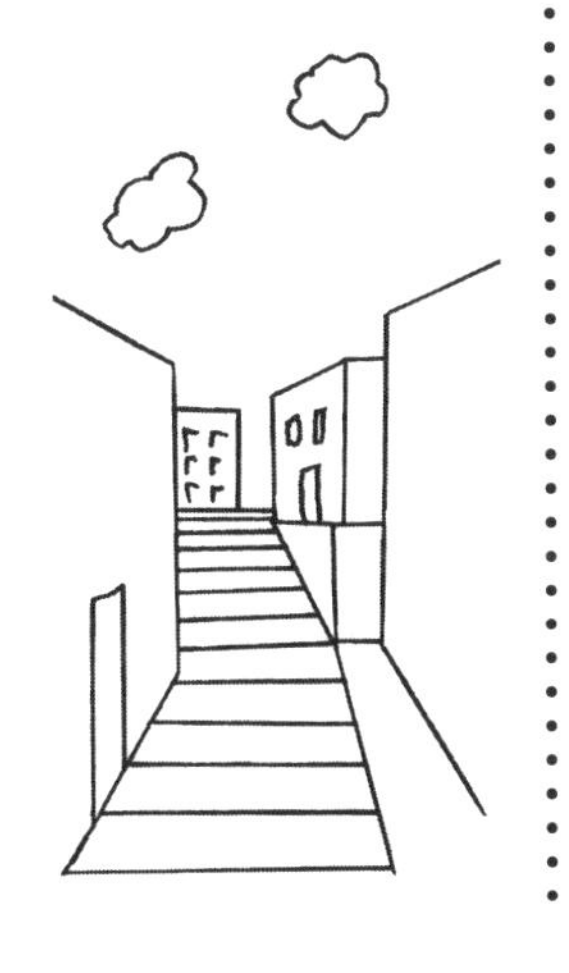

A

血がつながっていようがいまいが、家族は他者です。もともと思いどおりにいかないから大丈夫！

二〇一三年にヒットした『そして、父になる』という映画がありました。子どもの取り違えによる家族と父親の葛藤を描いた作品です。葛藤した父親は仕事一筋のエリートで、自分の子どものとろさに苛立ちを覚えていたところに、取り違えが発覚し、もとに戻す、つまり子どもを交換することを自分の妻と相手親子に提案します。そのときに相手の母親は、「血のつながりなんてものにこだわるのは、子育てを真剣にしてこなかった父親の幻想だ！」と言い切るのです。僕は、この言葉は「家族」というものを考えるときに、いささか核心めいたものだなと感心してしまったのです。

一説によると、家族や子育てに実際に関わる時間が少ない人（いまの日本社会では圧倒的に男性のほうが少ないのですが……）ほど、子どもを「自分のものだ」と思う傾向が強く、逆に子育てにしっかり取り組んだ人ほど、自分とは異なる「他者」だと感じるらしいです。なぜなら、子どもが自分の思いどおりにならないという出来事に、より多くぶつかるから。

少し話はそれますが、僕は高校時代に父親との関係が葛藤と衝突だらけでした。おそらく双方に、父とは、息子とは、こうあるべきだ、という幻想めいたものに支配されていたように思うのです。それからしばらくして、あのときの父親はどういう状況にいたのだろうと、ふと関心をもち、母親などにいろいろ聞いてまわると、長期間の出張だらけで仕事量も勤務時間も増え、大変なストレス状態にあったことがわかりました。父親もいろんなストレスや葛藤を抱えた「他者」だったのだと、ようやく気づいたわけです。先ほどの話につなげるならば、父との関係が自分の思いどおりにいかないという葛藤の向こう側に、ようやく、家族ですら「他者である」という認識が生まれたのです。

そんな経験を経て、いま、僕にはパートナーがいます。そのパートナーには、あえて言えば、僕と血のつながりのない子どもがいます（いま九歳になるその子どもを、仮にAさんと呼びます）。三人で過ごす時間がだんだんと増えてきた頃、Aさんには、母親をとられてしまうのではないか、実の父親と会えなくなってしまうのではないかといった不安や心配があったようですが、何をするにも三人で話し合って決めること、また僕が実の父親にとって代わるようなことは絶対にないことを、パートナーとともに伝えつづけ、数年かかって、ようやく安心のできる関係が築けるようになってきました。

Aさんと過ごしていて、僕は、もともと幻想めいたものが伴いやすい家族や親子関係は、血がつながっていないくらいがちょうどよいのではないかとすら思いはじめています。はじめの一歩から、他者である相手です。こうあるべきという思い込みをもつことなく、一人の人間がよりよく生きていくことを、力を惜しまず支援する、という本来的な意味での子育てというか、支援者の立場に立つことができます。これは、血のつながりのない人と家族になることの非常にポジティブな部分なのではないかと思います。

もしかすると、血のつながりとか、実の父・母という事実なんてものは、さほど重大なものではないのかもしれません。むしろ子どものほうがよっぽど柔軟で、Aさんは、「ねぇ、ママ、あ、ちがった」と言った後に僕の名前を呼ぶことがよくあります。実は子どもにとっては、自分を大切にしてくれているだろう年長者を、総称してパパ・ママとか呼んでいるのかもしれず、どう一緒に過ごしているのかという実態のほうが、よっぽど重要なのだろうと思わされます。

なので、いろいろ思い悩むことも大切ですが、まずはそのおつきあいされている方の子どもに会っ

●
考えるための
言葉

「女は『回転している車の軸が不動であるのと同様に、不動である魂の静寂』を得なければならない。」

＊リンドバーク『海からの贈物』

て、一緒に過ごす時間をもってみてはどうですか？　そのなかで、葛藤や困難以上に、一緒に過ごすことの喜びや面白みを感じることができるのであれば（もしできないのならば、おつきあいそのものをやめることを考えたほうがよいと思います）、時間をかけて関係をつくってみてはどうでしょう？もちろん、子どもの年齢によってしまうところもありますが、本当にじっくり時間をかけて子どもと三人でコミュニケーションをとっていくしかないと思います。

それから同じ男性ということで、最後に一つだけ重要なことをお伝えします。もし、このまま関係ができていった場合に、金銭的な部分はもちろんですが、それ以上に、実際に生活をまわしていくスキル（掃除・洗濯・洗い物や料理などの家事能力）も重要です。相手やその子どもが、あなたを生活上の支援者としても頼りにしだしたときに、ただ子どもと一緒に遊べるだけでは、日々の生活上でも、病気やケガなどピンチのときにも対応することができません。子どもを代表に生活上の支援が必要な人とともに生きるには、愛情や愛おしさのみならず、実際上のスキルも同時に非常に重要なのです。このあたり、曖昧にしないことをおすすめします。

（22歳からの活動家）

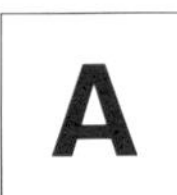

好きになれない場合もあります。

私が子どもを三人育ててみて忘れがたい経験の一つは、まず、一人ひとりの個性の差が大きすぎるという事実です。一人目の子どもは、こんなに飲んでお腹が破裂しないかというほどミルクを飲みました。ところが三番目の子は、本当に飲んでいるのかというほどのか細い飲み方でした。泣き方もまったく違います。二番目の子は泣き出したが最後、どうにも止まらず、最後は唇が青紫になって、このままでは身体がおかしくなってしまうのではと心配するほどでした。それに対して三番目の子どもは、生まれた直後から神様かと思うほど扱いやすい子でした。とにかく、〇歳のときから、夜九時に寝たら翌日の朝六時まではぐっすりと眠ってくれるのです。二時間おきに夜泣きをされて、子育てノイローゼになったなんて話をよく聞いたので、どれほど助かったかわかりません。

要するに、子どもは一人ひとりまったく独立の人格で、感性も行動の仕方もまるで違うということです。ですから、一人ひとり違うそうした子どもの反応について、当然のことながら、気にくわないときがいっぱいあります。そもそも子どもというのは、大人よりも一段と自己中心的ですから、時には大人をイラッとさせるようなことを言うし、気にくわない反応をするときも山のようにあります。ましてや、一〇歳近くなって、子どもにしっかりとした自我や個性が出はじめると、子どもの側だって、あなたのことをものすごく嫌ったりするかもしれません。

だから愛せるかどうかなんて心配は、好きになるのが当然なのに、愛せないかもしれないという可能性を危惧する表現にすぎません。実の子どもにだって、憎たらしくなったり、関心が向けられないときがあったりするのです。さもなければ、子どもの虐待なんてことが生まれるはずもありません。

そうなると、結局「愛する」ということはどういうことか、という問題に戻るのです。そこで考えさせられることに、「特別養子縁組」という制度があります。これは、養子という制度としては子どもが産みの親ではない保護者のもとに預けられて育てられるという点で変わりがないのですが、決定的に違うのは、戸籍の記述が異なるだけでなく、そもそも解消が不可能な親子関係になるという点で

●考えるための言葉

「女性は自由なものとして生まれ、権利において男性と平等であり続ける。」

＊オランプ・ド・グージュ『女性と女性市民の権利宣言』

す。つまり、好きとか嫌いとか言っていられないのです。私は、この関係がとても重要だと思っています。養子になる子どもの年齢も性別もいっさい希望できないし、障がいのあるなしだって条件がつけられないのです。

血がつながっているという言葉の本当の意味は、実は、相手を気に入っているかどうかに関わりなく、その関係を無条件に受け入れることだと、私は思っています。つまり、他の人間関係では、好き嫌いとか、美醜、知的能力、趣味などのさまざまな基準によって人間が選ばれていますが、家族については選べないと思っているのです。家族をつくるということは、好きになるかならないかを基準に選んではならないことを前提としているのです。

この点で、キリスト教最大の神学者アウグスティヌスが言ったとされている、「私は愛している。なぜなら、あなたが生きていてほしいと思うからだ」(Amo:volo ut sis) という言葉には深く考えさせられます。ここには、愛のもっとも重要なことが語られているように思えるのです。相手の何かが気に入るかどうか、たとえば美人であるかどうかとか、頭がいいかどうか、優しいかどうかといった基準によって、ある人を愛するのではない。もしそうであるなら、相手が美しくなくなったり、障がい者になってしまったら、その人をもう愛せなくなってしまう、ということを背後に含んでいるからです。そうではなく、その人がどのように変化しようとも、その人と一緒にこの世界で生きていきたい。これ以上に深い愛の表明があるでしょうか。

だから、血縁関係があろうとなかろうと、法律的結婚関係があろうとなかろうと、その人と共に生きていきたいという決意の表明こそが、もっとも重要なことなのではないでしょうか。実は、昔から人類は、それほど血縁を決定的な基準としてきたわけではなく、さまざまな理由で長い人生を共にする人びとを大事にしてきたのではないでしょうか。

したがって問題は、好き嫌いではなくて、その人の存在というものを、自分の全存在をかけて引き受けていこうとするかどうかだと思うのです。それは重すぎる課題ですか? それなら、家族をつくるということは止めたほうがよいでしょう。たとえ家族をつくらなくても、無条件に誰かと生きていこうとする決意をしないかぎり、人生の孤独からの解放はないのですから。

(人生実験くん)

Q 5-a

家族に卒業はないのですか?

私は、家族は大事なものだと思っています。子どもの頃、病気がちだった私に付き添ってくれたのはいつも母や祖母でした。おかげで寂しい思いをしなくてすみました。そのうえ母といったら、信じられないほどの人です。大食漢の私たち四人兄弟の夕食を、これでもかと言わんばかりにどっさりと、毎日二〇年以上つくってくれたのです。私なんか一週間もやれば、もううんざり。

だから、心の底から家族のありがたみをわかっているつもりです。でも最近は、その家族がうっとうしくてなりません。ウザイのです。何をするにも、いつも家族のことを考えてしまい自由になれません。大切な家族だと頭では十分にわかっているつもりですが、身体のほうが拒絶しています。

夕食後、一緒に座ってテレビを見ているのが、それだけで何かウザイんです。優しさで言ってくれている母の言葉さえも、いちいち気にさわります。こんなわがままな感情のままに振る舞っては相手を傷つけるし、自

●考えるための言葉

「そんなことをしてかまわないんですか。……なぜいけないんだね。」

*ディドロ『ブーガンヴィル航海記補遺』

分でも嫌になるので、できるだけ家に帰るのを遅くしたりしていますが、そうすればするほどダメです。

一回、家族を解散したら、どんなにいいかと思ってしまいます。離れられないと思うから、余計ウザイのではないかと……。一度、関係をなしにして、そこからもう一回やり直したら、家族の大切さがわかる気がします。こんな私の願いは、おかしいでしょうか？　わがままでしょうか？


（二〇代・会社員・男性）

家族は仲良く「卒業」するのが、いちばんです!!

相談者の方の気持ちが身にしみます。家族のことが嫌いじゃあない、だけど、毎日、時には毎食、顔を合わせなければならない。そして、それをわがままだと思って我慢をすればするほど、余計に関係が悪化する。そんな思いに私もずいぶん悩まされてきました。

私は結婚して以来、家族関係というものをもう四〇年以上やってきた者です。そこから得た経験をお話しましょう。すっかり子どもも自立したので、私は最近、「家族卒業旅行」を決行しました。三人いた子どものうち、長女は一〇数年前に結婚していたのですが、残った子どもが二人とも同時に結婚することになったのです。いちばん下の娘でもすでに三〇歳ですから、経済的な独立はずいぶん前に終えていたし、各自みんな自分のアパートで暮らしていたので、子どもの結婚といっても別に大きな変化があったわけではないのですが、家族に関して世間とは少し違った考えを私はもっています。

そもそも、結婚というのは不思議な制度です。二人の愛の確認と言うには不純すぎます。愛していることの確認と言いながら、実は愛を制度で閉じこめようというものだからです。どんな激しい愛もいつかは冷めていくものである以上、少なくとも結婚するなら、本気であればなおさら、愛が冷めたときにどうするかを相談すべきだと思うのですが、そんな相談をするカップルは頭が狂っていると思われるでしょう。私もいろいろ考えてみたのですが、結婚は、子育てという気が遠くなるほどの手間と忍耐を要する営みを協同でするため、という生活上に必要な契約というのなら、合理的なものだと思います。一人で子育てするなんて、絶望的に大変です。だから、夫（妻）やその他の親族、あるいは他の友人や知り合いの助けを借りながら、子育ての責任システムとして結婚を考えるのなら、納得がいくのです。

しかし、逆に考えると、子育てが終わっても夫婦が二人だけで家庭に残るというのは変だと思うのです。実際に経験したのですが、長い間子どもと一緒に食事をしていた家族が、子どもの自立とともに、一人、二人と抜けていき、あるとき、たった二人だけで黙って食事をしている。そのことに気がつくのは、とても気の抜けた感覚です。

私は、結婚という制度のもう一つ合理的な点として、お互いが病気などで助け合ったり、経済的な支え合いをするということがあると思います。病気になった人のために、アカの他人が仕事を休んででも介護するというのは、たしかに通常ありえないことだし、いまの社会制度では、友人の病気を理由に長期に仕事を休むということは難しいでしょう。だから結婚した以上、そうした助け合いは必要だと思います。

しかし、現実には子どもの側だって、就職や結婚をしたら、介護はもちろん、親とのコミュニケーションに多くの時間を割くことすら大変でしょう。だから、一度「卒業」したほうがいいと思うので

●考えるための言葉

「婚姻は、両性の合意のみに基いて成立し、夫婦が同等の権利を有することを基本として……」

＊日本国憲法（第二四条）

す。学校だって、卒業した後どうなるかといえば、別にそれで仲のよかった友だちとの関係が消えてしまうわけではないのです。本当に信頼し、仲のよい友だち関係は卒業後も続いていくのです。消えるものは消えるし、消えないものは消えません。

というわけで、「家族卒業旅行」は大成功でした。もうこれからは、血でつながっているなんて嘘に基づいた関係で支え合うのではありません。お互い一人ひとりが、可能なかぎり、自分で自分の道を歩むのです。いちばん長く一緒に暮らし生きてきた人間同士のつながりとして支え合うのです。これまでの家族はいったん解散して、そのうえで、もう一度、どう支え合うのかをじっくり相談するのです。そこで必要なら、契約で束縛しあうとしても納得です。血のつながりや愛情を理由に、お互いを束縛しあうのはよくないと思うのです。

ついでに言うと、もう一つ、私が死を前にしたときの介護や遺産についての話し合いも最近やりました。こちらは十分に準備してから決行したものです。「エンディング・ノート」というのを準備して、自分が重い病気にかかったとき、どのような治療方法を望むか、介護はどういうふうにしてほしいか、墓や遺産の問題はどう処理するのかといった問題について、家族で話し合ったのです。これをやってみようと思ったのには、私なりの理由があります。実は、私の願いは野垂れ死になのです。たとえ家族であったとしても、仕事や子育てに忙しいときに、無理して時間を割いて介護をされるよりも、自分であっさりと諦めて死にたいということを、子どもたちに伝えたかったのです。さらに言えば、ありもしない遺産をめぐって、子どもたち同士の愚かな憎しみあいを避けたいという気持ちがあったからです。

あらかじめ私は、どういうことを望むかについて文章にして読んでもらい、お互いの希望や意見を聞く会を開いたのです。子どもたちのほうも、お互いに一人前になって家庭を築くようになると、そっちのほうが精一杯になって、そんなことをゆっくり考える余裕がないというのが実態だと思います。だから、きちんと話し合う機会をもたないと、曖昧なままになってしまうと危惧したのです。

実際やってみたら、とてもいい話し合いでした。予想もしないことを言われて驚いたりもしましたが、お互いが心に思っていることを吐き出しあい、それぞれの事情や都合を聞き、相手の希望を否定することなく真剣に話し合いを終えたとき、それまでには考えられないような信頼感が湧いてきました。そう、大人と大人が真面目に話し合う貴重な機会をもつことができたのです。私は、人生を長い間一緒に過ごしてきた人間への連帯感を、初めて子どもにも感じたのです。

だから、一度家族を解散して卒業した人間同士が、まったくの他人にならないためには、意識的に一年に一回とかは集まって、お互いの現状を語り合ったり、率直にコミュニケーションを交わすといいのではないでしょうか。

逆に私たちは、この話し合いを利用して、家族としての義務みたいなものを相互に決めていくのもいいとさえ思いました。もし「卒業」した家族が、お互いのつながりを確認して相談したり、支え合う機会を定期的にもたなければ、本当に家族は消滅してしまいます。むしろ、無言の拘束をなくすことによって、お互いの生活を尊重しつつ、旧交を温めあい、必要ならば相互扶助の可能性を探ることもできる。それは「卒業」した家族だからこそ、できると思うのです。

それじゃあ、これは家族でない人間同士の関係には不可能なのでしょうか。私は、できると思っています。ただ、あえて言えば、家族が友人などの関係と違うのは、嫌なことや面倒な関係から逃げられないということだと思います。どうしてか？　血縁だからではありません。国家が法律などの決ま

●
考えるための言葉

「個人的なことは政治的なことである。」

＊ハニッシュ　『二年目の報告』

りで強制するからです。だから、家族が本当に深いつながりだと思いこむのは、国家がその関係を確保したいからではないでしょうか。

（人生実験くん）

Q 5-b

そもそも家族とは「まったくの他人」になりたいのです。

家族の卒業という考え方にたいへん興味をもちました。私は自分の家族に対して、「一生この家族でやっていかなければならないのか」と、絶望的な気持ちになることが多かったので、少し救われた気がしました。けれど、人生実験くんの回答には引っかかりも覚えます。家族同士がコミュニケーションをとり、「仲良く卒業する」ことができない場合は、どうすればよいのでしょうか。

そもそも私の親は壮絶に不仲で、そのとばっちりで私も幼い頃から暴力を振るわれてきました。それだけではありません。社会人になると親の借金返済に巻きこまれ、苦しい生活を余儀なくされたこともあります。兄は兄で、なにやら犯罪行為とも受け取られかねない怪しげな商売に手を染めているようで、いつお縄になるかわからない生活をしています。

もちろん、こんな家族と一緒に暮らせるはずもなく、いまは家出同然で音信不通の生活を送っていますが、家族が何かをしでかしたときには、また自分の身に降りかかってくるのかと思うと、不安で仕方がありません。

だから、そもそも家族との縁を完全に切りたいのです!! けれど、自分なりに民法を調べてみたりしましたが、どうも日本の法律では、完全に親子の縁を切れる仕組みになっていないようです。こんなこじれた関係を、国家がなぜ法律で強制するのか意味がわかりません。ともかく、円満に卒業などと言わず、いますぐ家族と縁を切りたいのです!!

（三〇代・男性）

A

家族を「卒業」するのは、お互いの助け合いを確認するためです。

おっしゃるとおりです。近代社会は、建前としては個人の自立と自己決定権を謳っていますが、実際には、家族を法的および経済的基盤として決定的に重視しており、結婚から自由になろうとか、家族の卒業などということを考える者に対しては、さまざまな形で不利になるように決めてあるのです。じゃあ、なぜ、そんなものを人びとが支持しつづけているのか。その点こそが、結婚と家族の問題です。この点で、私は一度調べてみて驚いたことがあります。多くの男女が結婚生活で冷えきった関係に陥っても離婚しないのはなぜか、という問題を考えていたときに、逆に離婚した母子家庭の厳しい経済状態を知り、思わず絶句したのです。

母子家庭の母親が働いて手にする収入は平均一八〇万円程度だといわれます。もし学校に通う子どもが一人か二人いれば、どう考えても、東京の場合はアパート代も含めて四〇〇万円ぐらいは必要でしょう。低く見積もって三〇〇万円だとしても、この金額は絶望的です。なぜか。特別の資格や専門性をもたない女性の場合、スーパーのレジ打ちのような仕事に就くことが多いという現実を見れば、問題の深刻さが見えてきます。仮に、その時給が八〇〇円だとしましょう。そうすると、三〇〇万円

考えるための言葉

「人生の悲劇の第一幕は親子となったことに始まっている。」

＊芥川龍之介『朱儒の言葉』

あるいは四〇〇万円得るのに、どれだけ働かなければならないのか。単純に割り算するとわかります。三〇〇万円でも三七五〇時間、四〇〇〇万円なら五〇〇〇時間ということになるのです。

日本の労働者の平均労働時間が一九〇〇時間前後だと考えれば、その二倍は働かなければならないわけです。そんなことは不可能です。それに近い収入を得ようとすれば、結果的に、子どもの世話を十分にする余裕などなくなってしまいます。そんなことなら、たとえ嫌な相手でも一緒に暮らしていれば、なんとかやっていけるのです。これが結婚の一つの現実です。ひどい現実ですが、この過酷な競争原理と自己責任を求められる社会では、家族に頼らざるをえないのです。それだけではありません。この社会における不十分な社会保障や希薄な人間関係のもとでは、育児や介護、病気などで家族以外に頼れるものが見えないのです。

つまり、弱い立場に陥ったり困ったときに、最後に依拠するものとして家族が存在するのです。ということは、家族がみんな健康で順調なときには、家族などほとんど不要なのです。

だから、結婚や家族というものを、よりよい人間関係を築き、楽しい人生を送るためのものと考えるならば、いずれ「卒業」すればいいのです。しかし、お互いの弱さや困難を支え合うためのものというなら、家族のメンバーがしっかりとそのことを認識し契約し直して支え合うのだということを、家族のみんなで確認する必要があると思うのです。

親だから守ってくれるだの、夫婦だから安心していられるというのではなくて、お互いが困ったときにどういうふうに支え合うかを、ある段階になったら確認しあうほうがいいのです。そうすれば、家族に対する甘い幻想などは消えて、本当の相互扶助組織の一つとして家族が再構成されると思うのです。言葉できちんと確認しないで、相手に甘えたり頼ったりする組織として家族を維持するなんていうのは、私の趣味ではありません。みなさんはいかがですか。

（人生実験くん）

Q6

親の介護をどうやって乗り切っていったらいいのでしょうか？

七〇代の両親の介護に直面しているフルタイムで働く四〇代の女性です。これまで大きな病気をしたことのない父が急激に老い、その老いを受け入れられない母との関係に翻弄されています。私自身も、急激に老いていく両親の状況を受け入れられない状況にあります。一週間とか二週間とか、自分にとってはあっという間に過ぎていく時間に、食事やお風呂などの日常生活が送れなくなっていて、次の手を考えなくてはいけないことが多くなってきたからです。

思い返してみれば、私の祖父母（両親の両親）は若いうちに亡くなってしまったか、長く介護することもなく亡くなっていきました。両親の祖父母も女性は大往生、男性は早逝でした。私も私の両親も、老衰の介護を身内で見ていないのです。

四〇代になって自分の仕事に対する考え方が確立し、自由な気持ちで仕事に取り組める一方で、自分の感情を押し殺してこなす事務的な仕事を引き受けざるをえないことが多くなってきました。また、この数年、若い世代の同僚が急激に増え、判断や意見を求められることも多くなっています。年老いた両親と話した翌日、心がざわざわしたまま仕事に行き、冷静な気持ちで働くことが難しくなってきました。

そのうえ、家族の介護をしている友人から、「妹さんは嫁いでいるのだから、ご両親の介護は長女で独身のあなたの役目ね」と、まったく悪気なく言われ、これまた大きな衝撃を受けているところです。そんな理不尽

●

考えるための言葉

「愛は幻想の子であり、幻滅の親である。」

＊ウナムノ『生の悲劇的感情』

なことってあるのでしょうか？

中学生や高校生のとき、親を亡くしていた友人がいて、そのときは「もし自分の身にそんなことが起こったら、これからの人生をどうやって乗り切っていけるのだろうか？」と不安になり、両親の健康だけをずっと祈っていました。ところが、最近では不謹慎にも、両親が早逝していたらもっと楽に生きられたのではないかと思ってしまったりするのです。

いまの私のバイブルは介護川柳の本で、それを読みながら、なんとか気を紛らわせています。できれば介護川柳に負けないくらい前向きな話を共有してもらえたら嬉しいです。

（四〇代・会社員・女性）

A

親の介護をしたいなら、介助は誰かにお任せしてはどうでしょう。

そもそも「介護」とは何でしょうか。あくまで私の考えですが、「介護」とは、誰かのことを気遣い、相手にとって何がよいかを考え、行動することです。ですから、「介護」は乗り切るようなものではありません。相談者さんが乗り切りたいと思っているのは、むしろ「介助」ではないでしょうか。

「介助」とは、食事・排泄・入浴などの日常的な生活活動（ADL＝Activities of Daily Living）を手助けすることですね。病気・障がい・加齢などによって、日常生活の基本的な活動が自力でできなくなることは、誰にでも起こりうることです。あるいは、誰もが乳幼児だったので、誰もが経験しているはずですね。それでも生きていくためには、誰かの手を借りるしかありません。介助が必要です。

では、誰の手を借りるのか。介助する意思と能力のある人であれば、誰でもよいはずです。もちろん、親は子どもに介助してほしいと思うかもしれませんし、親の介助を自分でしたいと思う子どももいるでしょう。しかし、親の介助は子どもの義務ではありません。たとえば、老人ホームや訪問介護者と契約しているのであれば、介助義務は契約している相手にあるのです。

これに対して、介護はケア、つまり気遣うことです。自分を育ててくれた親に感謝の気持ちを抱いたり、介助が必要になった親をなんとかしてあげたいという気持ちを抱くことがあっても、おかしくありません。もちろん、親との間でどんな関係を紡いできたかにもよりますが。ただ、気遣いをするべきかと言われれば、つまり介護も子どもの義務かと言われれば、そうではないと思います。親のことが心配だ、なんとかしてあげたいと思う気持ちは、これまでに築かれてきた親子関係から生まれるものですね。相談者さんは、親が亡くなることに不安を抱いたり、親の健康をずっと祈ってきたので、そういう思いを抱けるような幸せな親子関係だったのでしょう。そういう親への気遣いが、親の介護は子どもの義務だという義務感から生まれるとは思えないのです。

こう考えると、独身の長女が、あるいは長男の嫁が、親の介助を一手に引き受けることで疲れ果て、「早く逝ってくれたら」と思うほどにやりきれなさや憎しみの感情を募らせるとしたら、介助はしているけれど、介護とはほど遠いものになっています。逆に、自分ではほとんど介助はせず、老人ホームのヘルパーさんに任せていたとしても、親のことを気遣って声をかけ、どういう環境が親にとってベターかと心を砕いているとすれば、立派に介護しているのです。介助することが介護することになる場合もありますが、誰が介助し、誰が介護するのかという点から見れば、介助と介護は異なる意味をもっていると思うのです。

考えるための言葉

「金持ちより人持ち。」

＊上野千鶴子『おひとりさまの老後』

ですから、介助がかなり負担になったら、第三者の手を借りましょう。それが親の介護になるからです。もちろん、第三者の手がどれだけあるのか、はなはだ心もとない現状があります。「高齢者の暮らしを社会で支える」と銘打って始まった介護保険制度でしたが、まだまだ貧弱なのが介護福祉の現実、「社会で支える」が「お金（市場）で支える」になり変わってさえいる現実があります。とはいえ、使える制度やサービスもあるはずですし、世の中には拾う神もいると楽観して、いろんな人の手を借りてはどうでしょうか。

（耳順くん）

A

親の介護から、あなたの人生を見つめ直すよい機会です。

あなたと同じ四〇代未婚の女性です。私も親の介護が始まっています。就職してから二〇年間、職場の同僚から介護に生活を翻弄される話をたくさん聞いてきました。たとえば、五〇代の女性からは「週末に何時間もかけて故郷まで帰っている」とか、介護を終えた六〇代の女性からは「介護ヘルパーさんとの関係が仕事を続ける鍵である」とか、本当にいろいろと聞いてきました。親が生きているかぎり迎えるその日のために、当時年齢もずっと下であった女性の私に熱心に語ってくれていたのだな、というのがいまになってわかることです。聞いていた当時は、介護が始まるなんて夢にも思っていなかったので、あまり身を入れて聞いていなかったことを反省しています。いまでは、介護に広くアンテナを張る（張らざるをえない）ことになり、新聞の生活欄の介護の記事を熟読したり、介護の悩みを職場や友人に聞いてもらったりして乗り切ろうと覚悟しているところです。

職場では、自分の身に起こった介護の悩みを愚痴っていただけなのですが、意外に共感してくれる人が多くいて驚きました。自分では愚痴っぽい話だと思いつつも声に出してみると、仕事上では横暴で気も合わなくて話もしてこなかった人のなかにも、介護の問題を抱えている人がいることがわかりました。自分と同じ問題を抱えているとわかると、それまでは「まったく気が合わないあの人の話だけは聞くまい」「あの人と自分の話なんかすると噂話になってしまうからやめておこう」と固く信じていた相手に対しても、見方が変わったりするものなのですね。あいかわらず親近感はいっさいもてないのですが、「もしかしたら、あの人が言っていることにも一理あるかも」と思えるようになったのです。こういう体験は、介護川柳を読んで気を紛らわせているのと同じなのかなと思います。月並みな表現ですが、「私一人が抱える問題ではないのだ」というのが、自分の抱える問題を乗り切れる小さなきっかけになるのだと思うのです。とはいっても、共感があることだけで介護を乗り切るのって、けっこう大変なことです。これまで私に話をしてきてくれた人たちのことを思い出し、みんなタフだったのだなぁと、このごろ感じています。

あなたがタフでなければ、生活を成り立たせるためには、やはり介護サービスを受けることが現実的でしょう。前の回答者の方からも、介護と介助の説明があり、そのとおりだと思っています。ただ、介護と介助の二つを整理し理解できたとしても、なかなかすぐには納得できないものだと私は思うのです。それは、介護や介助に関するサービスの内容が、介護される人がそれまで暮らしてきた生活環境と比べると、自由が少ないものになってしまうと感じることに関係しています。介護が始まる前に、よほど入念に調べあげ、どんなサービスを受けたいのかを家族で話し合って準備でもしていなければ、介護コーディネーターからはだいたいお決まりのごく少数のサービスしか提示されません。そして、そういったサービスは人が幸せに生活するというよりも、なんだかその人を老人しかいないような場所に送りこむとか、あまり動き回らないようにさせるとか、自由を奪ってしまうとしか感じられないようなものなのです。ですから、たとえ介護サービスを受ける人がお決まりのサービスの一つを納得のうえ選んだとしても、家族にとってはあまりに少ない選択肢から自由のない生活を用意してしまったという後悔が生まれるのです。

介護が始まってわかったことは、家族にとってそれまでまったく話もせず棚上げしてきたか、気がつかなかったか、あえて気がつかないふりをしてきた事柄が、目の前に突如としてたくさん現れます。たとえば、介護される人がどこで暮らしたいのか、どんな生活を望んでいるのか、どんなものが食べたくて何をしたいのか、などなど。こういう話を進めるなかで、場合によっては延命措置の希望まで知る必要があるのです。本人が自分の意思を表せない場合は、家族で決めるしかないのです。こういうことは、やがてあなた自身の身にも起こるでしょう。独身で決める家族がいないなら、あなた自身が自分の意思があるうちに決めておくことがとても重要です。「終活なんて、いまの流行にのっているだけではないか」と思わずに、これからの自分の人生についてとらえ直す機会だと思って、介護を乗り切っていってください。

（かつては冒険家）

ソクラテスの提言

「血」のつながりを超えた家族へ

1　血は水よりも濃いのか？

「血は水よりも濃い」といいます。「血」のつながった家族の絆は、どんなに信頼の厚い他人とのつながりよりも、かたく強いものであるという意味です。そして、この「血」で結ばれているがゆえに、どんなに折り合いの悪い肉親であっても縁を切れないばかりか、最後まで面倒を見なければいけない義務があるとされてきました。

相談者のなかには、この束縛に悩まされている方がいらっしゃいましたが、実にこの「血」のつながりというものは厄介です。「血は争えない」という言葉は、あたかも自分の人生や運命までもが、血筋で決められているかのような印象さえ与えます。たしかに、競走馬の例を取り上げるまでもなく、身体能力などは血筋に大きく左右されるでしょう。いまや陸上競技選手のなかには、自分の遺伝子を解析した結果で競技種目を選ぶ人までいるそうですから、「血」に本質的な何かを求めたくなるのはわからないではありません。

でも、これが明治憲法のように、「大日本帝国ハ万世一系*ノ天皇之ヲ統治ス」（第一条）ということになると、「ちょっと待てよ」と言いたくなります。これは、この国をつくった古代の神々と血筋のつながった天皇にこそ、この国を治める正統性があると宣言した条文ですが、権力とか統治の根拠が「血」にもとづいているとなると、近代合理主義**の時代に生きる僕らには、非合理で不可解としか言いようがありません。だいたい、名君の子どもが政治的に無能である例など、歴史を振り返れば枚挙にいとまがないでしょう。

＊　永久に同一の系統が続くことを意味し、主に天皇家について用いる言葉である。

＊＊　一般に理性に則った考え方、生き方、世界のとらえ方を意味する。マックス・ウェーバーは『職業としての学問』で、この理性にもとづいて合理化された近代の学問が、近代人を非合理な世界観から解放したと論じ、そのことを「魔法からの世界解放」と呼んだ。

ところが、いまでも日本の政治家に二世や三世が多いことが示すように、どうも「血」というやつは、ある種の説明のつかない非合理なものごとを、「当然のことだ」と思いこませてしまう魔力があるようです。しかし、その魔力が、上述の相談者のような人びとに苦しみをもたらしているのであれば、その根底に何があるのかを冷静に考えてみる必要があります。

僕の見るかぎり、「血」の魔力は、自然と文化を混同させながら、社会的に解決すべきものを、自然の摂理のせいにしてごまかす働きがあります。ここでいう「自然」とは、身体や運動能力といった「生まれつき」のものを指し、「文化」とは、人びとの協働によって自然の拘束を乗り越えながら、人間的な自由を創りあげていく営みを指しますが、「血」の魔力は、後者へ至る思考や努力を不問にしてしまうのです。

そもそも、「血」を根拠とした家族の「絆」には、二つの点で欺瞞があります。

一つは、親子ないしは家族の愛情にもとづく絆は、はたして自然なのかという点です。なるほど、出産の苦しみを経験する母親には、子どもを愛する母性が自然に備わるのだという話をよく耳にします。女性にとって出産は、生死を賭して臨むものである以上、体験的にそのような論理が導き出されるのも無理はありません。では、その愛情が自然に湧くものであるにもかかわらず、年々増加する児童虐待やネグレクト＊の問題をどう考えればよいのでしょうか。

＊　心理的身体的虐待の一種であり、育児放棄や育児怠慢、監護放棄のことを指す。

その答えとして、「親の愛情不足だ」という声をしばしば耳にしますが、それだけではその問題を理解できないことは、さまざまな研究で明らかにされています。たとえば、母子保健の国民運動計画『健やか親子21』検討会報告書」(二〇〇〇年)は、児童虐待を引き起こす原因として、⑴多くの親は子ども時代に大人から愛情を受けていなかったこと、⑵生活にストレス(経済不安や夫婦不和や育児負担など)が積み重なって危機的状況にあること、⑶社会的に孤立化し、援助者がいないこと、⑷親にとって意に沿わない子(望まぬ妊娠・愛着形成阻害*・育てにくい子など)を挙げています。

＊　乳幼児は親から安心感を得ようとする愛着欲求を満たすことで、他者に対する安心感を形成すると考えられているが、その情緒的欲求や身体的欲求が持続的に無視されることで、安定した他者への愛着を形成することが妨げられること。

つまり、親子の愛情は、たんに自然に与えられたというよりも、出産後の育児や生活環境といった後天的な条件にかなり規定されると考えたほうが理解しやすいのです。ちなみに、バダンテールという歴史社会学者は、一八世紀以前のフランスで上流階級の母親ほど実の子どもを乳母に預けたり、里子に出したりする習慣があったことに疑問を抱き、その前後の歴史を調べあげました。母性があれば、そんなに簡単に自分の子どもを他人に預けたりできないはずなのに、どうしてそんな習慣があったのか。それが彼女の疑問だったわけですが、その調査の結果、母性は本能ではなく社会的につくられたものであることを明らかにしたのです。

これらの知見は、親子の愛情の根拠を「血」に求めるよりも、むしろ、その信頼関係を形成するための社会的な条件を考慮するほうが重要であることを示唆します。それゆえ、その関係性は「血」の

●
考えるための言葉

「愛とは、お互いに見つめ合うことではなく、いっしょに同じ方向を見つめることである。」

＊サン＝テグジュペリ『人間の土地』

つながりに限定される必要もなくなり、むしろ、家族に対する養育や介護の義務や責任の概念も、社会的に形成された関係を軸に測り直される可能性が出てくるわけです。

もう一つの欺瞞は、家族の愛情や絆が肯定的に語られる点です。

なるほど、愛情は相手を慈しむ感情ではありますが、一方で支配欲に結びついていることは見すごせません。これに関して、『家出のすすめ』で寺山修司が紹介する石川逸子の「彼ら笑う」ほど、親の愛情による支配欲の強烈さを描いたものはないでしょう。その詩の一部を紹介します。

「この子は手足が長すぎる」
子を食う母
朝に晩にばりばりと子の手足を食う母
血みどろの口と
慈愛の瞳
「わたしはお前のためを思っている」
「いつもお前のためを思っている」
子は逃げる
短くなった手と足で子は逃げる
母の沼　どぶどろの臭い放つ　沼から逃れようと　もがく

そもそも「絆」は、犬や馬などをつなぎとめておく綱を語源としています。そのことからもわかるように、親子や家族の絆には、信頼だけでなく束縛という側面があり、無邪気に家族に愛情や絆の深さを求めてしまうことは、子どもへの悲劇を招きかねません。そして、こうした愛情のもつ負の一面を無視して、養育や介護の義務や責任ばかりを強調する先に、虐待や親／子殺しといった暴力がむき出しにされるのです。では、この愛情のもつ暴力性を回避しつつ、「血」にもとづかない家族のかたちとは、どのようなものなのでしょうか。次に、それについて考えてみたいと思います。

2　公にさらせないニーズを受け止める家族

ところで、そもそも家族は何のために存在するのでしょう。

試しに、『デジタル大辞泉』で「家族」の項目を引いてみると、「夫婦とその血縁関係者を中心に構成され、共同生活の単位となる集団。近代家族では、夫婦とその未婚の子からなる核家族が一般的形態」とあります。これによれば、「血」のつながりがない異性愛の男女が婚姻を結び、その「血」を受け継ぐ子どもの組み合わせをもって、いわゆる家族と見なされることになります。これは、核家族を一般的な家族形態と見なすわれわれのイメージとも符合します。では、「血」を受け継ぐ子がいない夫婦は「家族」とは呼べないのでしょうか。

もちろん、夫婦だけでも法的には家族として見なされます。しかし、「子なし」ハラスメントがそうであるように、世間には子どものいない夫婦を不完全な家族と見なす風潮があることは否定できません。なぜ、子どものいない夫婦は不完全な家族なのでしょうか。そのことを理解するためには、近代家族に労働力の再生産が社会機能として期待されている背景を見落としてはならないでしょう。

先の『デジタル大辞泉』では、核家族が近代家族の一般形態であると定義されていました。「近代」

●
考えるための言葉

「親があっても、子が育つのだ。」
＊坂口安吾『不良少年とキリスト』

とは国民国家[*]が成立した時代であり、そこでは人口増加が国力増強を支える大きな要素となります。そして、そのためにも、労働力の再生産である結婚・出産・育児を目的とした家族が重視されるようになったわけです。それゆえ、近代国家が想定する家族とは、労働力を再生産できる目的共同体としての家族であり、そのかぎりにおいて家族は国家から法的に保護されるという暗黙の前提があるのです。

＊　国家への忠誠心や共通言語などをアイデンティティとする「国民」と、国境線によって確定される「領域」をもつ国家を指す。近代に西欧諸国で生み出された概念で、そこで「国民」は、多様な言語や民族、文化を統合した「単一民族」と見なされることを前提に、国民主権、権力分立、官僚制、軍隊などの理念・制度が成立し、国旗や国歌などの国民統合のシンボルも創造された。

そのことは、近代哲学者たちの言葉にも露骨に表明されています。

たとえば、道徳哲学で有名なカントは、セックスを夫婦間で独占することが結婚の本質であると言うのですが、スピノザはその「肉体的結合への欲望は、たんに外観によってではなく、むしろ子どもをもうけ、子どもを人間らしく教育しようとする愛から生じてこなければならない」（『エチカ』）と言っています。

こうした結婚の定義は、まさに近代家族の原理そのものと言ってよいでしょう。しかし、そう定義されればされるほど、実は、僕自身の結婚や家族観、ひいては生き方そのものが否定されていると感じざるをえなくなります。というのも、僕たち夫婦は結婚して一四年になりますが、「子どもをもたない」ライフスタイルを選択しているからです。その理由には、それぞれが抱いてきた家族不信の生い立ちが影を落としているのですが、近代家族の定義にしたがうかぎり、労働力の再生産に寄与しない僕たち夫婦は「不完全な家族」であり、社会の余計者として肩身の狭い負い目を抱かざるをえなくなるわけです。

では、多くの夫婦が国家社会のために結婚して子どもをつくるのかといえば、それは嘘でしかないでしょう。結婚したり、子どもをもったり、もたなかったりする選択の理由なんて、「できちゃった結婚」も含めて千差万別であり、一般論で括れるほど単純ではないはずです。

世の中には驚くような組み合わせの家族がいます。「年の差カップル」がもてはやされた時期もありますが、孫ほどに年の離れた相手と結婚するケースもあれば、死刑囚と獄中結婚したケースもあります。世間から見れば、それらのパートナーシップのとり方は不可解に見えるかもしれません。しかし、そこには当事者にしか理解できない何かがあって結ばれているものです。

この「当事者にしか理解できない何か」という点を、「ニーズ」という概念を手がかりに考えてみましょう。ニーズとは必要性とか要求という意味です。もちろん、そこには食欲や性欲などの本能的な欲求も含まれます。育児や介護の世話は、生物としてのニーズを満たすケア行為にほかなりませんけれど、それは必ずしも本能的な欲求に限られるものではありません。本能的な欲求だけを満たしても、それは動物的な欲求を満たしているだけにすぎず、むしろ、自分らしい自由を生きるためには、それを満たすうえでのニーズは多様にならざるをえないのです。そして、それはまた、各々が生きるうえで抱える困難や欠損した部分もまた、多様だということの裏返しでもあります。

僕の場合には、家族不信という欠損があることはすでに触れました。ところが、そんなことを親にはもちろん、周囲に語ったところで、たんなる「わがまま」と一笑に付されるか、「親不孝」とお説教を食らうだけでしょう。その意味でニーズは、本人にとっては必要不可欠であるにもかかわらず、世間一般にとっては取るに足らないと受け取られがちなものです。それどころか、時としてそれは反社会的なものでさえあるのです。しかし、周囲には理解されないからといって、ほんとうに自分らしく生きたいと思えば、そのニーズをなかったことにするわけにはいかないでしょう。それはある意味で、自分を殺すことになるわけですから。

いまから思えば、僕にとって、そのような自分の欠損した部分を共有してくれたのがパートナーだったわけですが、それはまさに、公にさらせない自分の困難を受け止めてもらえる存在と言ってもいいかもしれません。家族とは、しばしば自分が自分らしく生きることを受け止めてくれたり、最後まで見捨てることなく味方でありつづけてくれたりする存在だともいわれます。そうであるならば、まさに、公にさらせない困難を受け止め、そのニーズを満たしてくれる存在こそが家族とは言えないでしょうか。

このことについて考えさせられたのは、自閉症スペクトラム障害*の息子をもつ友人から子育て話を聞かせてもらったときのことです。彼女の息子さんは、その障がいの特性上、相手の立場に立って話したり考えたりできず、常に周囲とのトラブルが絶えなかったそうです。

＊　発達障害の一種でコミュニケーションや社会性、想像力に困難がある場合が多いとされる。空気を読めず、場にそぐわないような発言をしてしまうことが多かったり、好きなことはとことん突きつめるが、興味のないことは無関心である。多弁であり、相手の立場を考えずに自分のペースで話す特徴があるとされる。

ある日、「お母さん、どうしても殺さずにはいられない人間がいる。こんどこそ本当に人を殺すかもしれないけれど、いいかい？」と、尋常じゃない様子の彼に相談されたそうです。彼女は、大変なことになるかもしれないと恐れを覚えつつも、三日三晩かけて、ひたすら息子さんの話を聴きつづけたそうです。そして、最後に「そこまで考えて言うのなら、わかった。そうすることも仕方がないね。その代わり、人の生命を奪うということはどういうことなのか、まず私を殺して、その意味を理解してからおやりなさい」と答えたそうです。

彼女によれば、この答えは息子に殺人を思い止まらせるために出た言葉ではなく、彼が人を殺めることもやむをえないことなのだと、妙に腑に落ちたときに、思いがけず口をついた言葉だったのだそうです。そして、そのときにはじめて本気で、息子を受け止めるために死を覚悟したというのです。

幸い、その後は何事もなかったそうですが、それは息子さんにとって周囲には理解されないニーズが、彼女によって受け止められたがゆえの結果だったとは言えないでしょうか。

政治哲学者であるアーレントは、家庭のような私的領域を、政治の舞台となる公的領域から区分された闇の領域だと言いました。[*] 闇である以上、他者に見られるにふさわしくないものが潜む領域とも言えますが、逆に言えば、そこには社会の目や公的な光から隠されることで守られるべきものがあることが示されます。そして、それこそが公にさらせないその人にとってのニーズであり、それを社会や世間の目から守られつつ、受け止められることで、その人は自分らしく生き延びることができるものです。

＊　アーレントによれば、古代ギリシアでは家庭のように生命維持に必要な「必然性」に縛られた私的領域と、その束縛から解放されて、他者とともに政治活動に取り組める自由な公的領域とが区分されていた。近代以降は、私的領域のなかに閉ざされていた生命維持に関わる経済の問題が、社会全体の問題となったことで、その区別が崩壊してしまったとされる。

ところで、上述の友人は、なぜ息子さんの「殺さずにはいられない」というニーズを受け止める覚悟をもてたのでしょうか。

「愛とは時間である」と言った倫理学者の友人がいます。彼によれば、愛はどれだけ相手に自分の

●
考えるための言葉

「あなたを愛している、なぜならあなたが生きていてほしいからだ。」

＊アウグスティヌス『告白』

時間を割き、捧げられるかによって、その深度が決まるものです。その意味では、上述の発達障害の息子さんを育てた友人は、子育てで格闘した時間の分だけ、たとえ自分が殺されようとも、彼を見捨てない覚悟が備わったのではないでしょうか。つまり、その覚悟は、けっして血のつながりによって形成されたわけではなく、相手と向き合ってきた時間によって形成されたのです。

3 「血」のつながりを超えた「家族」へくみかえていくために

以上では、公にさらせない多様なニーズを受け止める存在としての家族について述べてきました。最後に、血縁を基礎とする近代家族の概念が、性の多様性を排除する面に着目しながら、それを超える家族のかたちへくみかえていく可能性について述べてみましょう。

自らも同性愛者だった哲学者のフーコーは、国民国家の誕生は国力の増強という目的のもとで、国家による性モラルや生命の管理が強化された結果、それまで寛容だった性文化の多様性を抑圧するようになったと論じました。そして、まっさきにその排除の対象とされたのが、その性モラルから逸脱した存在、すなわち今日ではLGBT（レスビアン／女性同性愛者、ゲイ／男性同性愛者、バイセクシュアル／両性愛者、トランスジェンダー／心と体の性の不一致）と呼ばれる人びとだったことは言うまでもありません。

こうした性的マイノリティにとって、本来の自分の性をひた隠しにする苦しみは計り知れませんが、その苦しみの中核には、家族にさえその性的アイデンティティを明かせない困難があります。

LGBTアクティビストの東小雪さんと、臨床心理士である信田さよ子さんの対談によれば、LGBTの子どものカミングアウトに対して、「自分の子どもを丸ごと受け入れられる親」がいる一方で、それを受け入れられず、病院と結託して精神科に入院させてしまう親がいるそうです（「私たちがつくる〈家族〉のかたち」、『現代思想』二〇一五年一〇月号所収)。お二人は、その反応の差について、性的マイノリティに関する知識の量ではなく、「親が描いた子どもと違うこと」の許容範囲が大きく作用すると述べていますが、まさに慈しみの愛よりも支配欲としての愛が勝ってしまうのが、後者の事態を招くということでしょう。

このことは、彼・彼女らにとって家族は、公にさらせないニーズを受け止めてくれるどころか、それを否定しかねないシビアな存在であることを示しています。社会から余計者として排除され、家族からも想定外の存在として疎(うと)んじられたとしたならば、いったい彼・彼女らのニーズや困難はどこで受け止められるのでしょうか。

実は、その点を考えることに、近代家族を超えた新しい家族にくみかえるヒントがあるように思われます。

これに関して信田さんは、アダルトチルドレン[*]やアルコール依存症患者などの自助グループのように、LGBTにとっても言葉を共有できる仲間=パートナーの存在が重要だとしています。自分でも言葉にならないニーズや困難は、他者の言葉を借りながら、少しずつ自分自身で肯定していかなければなりません。そして、その言葉を共有してくれる存在がパートナーとしての仲間ということになるでしょう。もちろん、このような自助グループの仲間を「家族」と呼ぶには、いささか飛躍があるかもしれません。しかし、ある人が人間らしく、自分らしく生きるうえで公にさらせないニーズを満たすためには、「血」のつながりよりも、それを共有できる仲間=パートナーとしての家族という関係性が必要であることを、これらのケースは教えてくれるのです。

＊ 子ども時代に親の虐待や不仲など不安定な家庭環境で育ったことで、心理的な傷を負い、成人後も自信がなかったり、常に不安を覚えたりするなどの悩みを抱えている人。

そもそも、従来の血縁に基礎づけられてきた家族概念は、いわば自然な関係としてとらえられてきました。しかし、歴史を振り返れば明らかなように、封建的なイエ制度から核家族の形態まで、その時代社会によって家族のかたちはさまざまに変遷しています。それゆえに、家族は社会的につくられてきた関係にほかなりません。そして、社会的に形成されたものは、けっして不変のものではなく、社会的にくみかえることが可能なのです。「くみかえる」とは、既存のものを破壊したり、根本からひっくり返したりするということではなく、既存の枠組みを別の組み合わせに変えてみることで、その時々に求められるかたちに編成し直していくということです。

たとえば、特別養子縁組制度や里親制度*などは、その例の一つとして注目に値します。これは児童虐待や貧困などの育児困難な状況から、親と暮らせない子どもたちを、「親の愛情のもとで育てる」目的で養親が法的に実子として引き取る制度です。この制度について特集したあるテレビ番組では、養親家族が分娩室の隣室で産みの親の出産に立ち会う場面が映し出されていましたが、出産の苦しみを産みの親と養親が分かち合いながら、生命のバトンを受け渡す場面は、まさに血のつながりを超えた新しい家族関係が創造される瞬間でした。

＊　特別養子縁組とは、原則六歳未満の児童を対象に、その子の福祉のために必要がある場合、子どもとその肉親との法的な親族関係を消滅させ、安定した養親子関係を家庭裁判所が成立させる縁組制度のこと。これに対して、里親委託は育ての親が一時的に子どもを預かる制度であり、実際の認定基準は自治体によってさまざまである。里親と子どもの戸籍上のつながりが発生しない点が養子縁組とは異なる。

厚生労働省データによれば、近年の全国の人工妊娠中絶の件数は減少傾向にあるとはいえ、二〇一〇年には二一万二六九四件を記録しています。一方、同じ年の不妊治療実施件数は二四万二一六一件とされています。もちろん、この数字の分だけ多様で重い事情が存在するわけですから、両者の間にある矛盾を短絡的に結びつけて考えるべきではないのかもしれません。しかしながら、この制度を手がかりに、「血は水よりも濃い」という家族観から、「自分の子ども」と言われずとも社会のなかで安心して子育てできたり、その子が成長できたりする家族観にくみかえていけるならば、両者の矛盾を乗り越えていける可能性を期待できるのではないでしょうか。

それだけではありません。子どもをもつ意志や可能性がなくとも、お互いのニーズを尊重しあえる関係をもって、パートナーとしての「家族」と認める社会にくみかえていくことだって必要です。その点、二〇一五年に同性カップルを結婚に準じる関係として公に認め、「パートナーシップ証明書*」の交付を定めた東京都渋谷区の条例は、その先駆けとして大きな一歩を踏み出しました。

＊　「法律上の婚姻とは異なるものとして、男女の婚姻関係と異ならない程度の実質を備える戸籍上の性別が同一である二者間の社会生活関係を『パートナーシップ』と定義し、二人がパートナーシップの関係にあることを確認して証明するもの」（渋谷区パートナーシップ証明書）。

むろん、こうした新しい社会の動きに対しては、必ずと言っていいほど、「わがままを許すな」という批判がつきものです。すでに述べたように、ニーズには反社会的な要素を含んでいる場合もありますから、そのような反応が出ることは当たり前かもしれません。けれど、かつて「わがまま」とか「異常」とされていたものが、今日では普遍的な権利として認められている事例などいくらでもあります。ＬＧＢＴらが訴える権利だって、社会的に認識されはじめたのはつい最近のことでしょう。そして、その点にこそ、人間が創り出す歴史に希望がもてるというものです。

大切なのは、あるニーズが普遍性のある権利として昇華するためには、公に受け入れられる以前に誰かに受け止めてもらう必要があるということです。世間に「わがまま」とか、「異常」と非難されれば、誰しも自己否定的になるものです。そうであるにもかかわらず、そのニーズをともに受け止めてくれる存在があればこそ、世間に非難されていたニーズは、普遍性を帯びた要求へと開いていけるのです。

すると、「家族」とは、公にさらせないニーズを受け止めるような存在であることに加えて、個別的で多様なニーズがもつ普遍性を開花させるために必要な存在だと言うこともできそうです。そして、それはくり返すように、「血」ではなく、その人の存在そのものを受け止めるだけの時間を共有できる存在なのです。

（田舎の世界市民）

第4章 おカネと仕事にしばられずに生きる

あれよ、あれよという間に、働くことの中身がすっかり変わってしまった。それが、現代だと思います。

ほんの二〇年ほど前の日本では、男性が会社に就職すると、それが正規終身雇用であるとは自明のことでした。したがって、時には仕事にうんざりしても、まあ、その会社で我慢して働きつづければ、定年まで勤められ、退職すれば年金も保障される。そんなふうに思ってきました。とくに、有名大企業に勤めれば、福利厚生もしっかりしているし、勤務時間もおおよそ決まっていました。ましてや公務員になれば、給料が一流企業よりは少し低いかもしれないけれど、身分は絶対的なほど保障されていて、特別に悪いことでもしないかぎり、安定した生活は保障されるといわれてきました。企業人間だの、「猛烈社員」だのと言われながらも、会社の仕事に真摯に向かい、時には熱中して働いてきたものです。というのも、それに対応する保障がどこかに用意されていたからです。

しかし、この二〇年の間に、日本の労働者の働き方の変化は予想だにつかないものになりました。いまや、労働者の四〇%を超える人びとが非正規雇用となってしまいました。それだけではありません。真面目に働いていれば正規社員になれるという希望を抱いても、現実は過酷・冷酷で、三〇代以上の従業員ですら非正規雇用がどんどん増えているのです。派遣社員であれば、生涯、契約社員に留まる可能性がきわめて大きいのです。そのうえ、万が一、正規社員になれたとしても、こんどは残業に対する手当すら満足に保障されず、際限もない責任と長時間労働を課せられる危険性があります。出世した後は、のんびりと左うちわなんていうのは、昔物語です。公務員でも同様です。大学教員に代表されるように、新しく採用される教員はことごとく期間限定の雇用となり、教員内部の競争に打ち勝たねば研究のための費用さえ獲得できない。この調子では退職金さえも危うくなりそうです。

だから、もう、昔のような形で働くことについて甘い考えをもつことはできません。のんびりできるとか、生涯安定した雇用が保障されるなどという夢は、いっさい保障されない社会になっているのです。

そんな時代に働くことに希望はもてるのでしょうか。お先真っ暗な時代に、ひたすら耐えるしかないのでしょうか。いえ、そうは思えないのです。もっとしたたかに働くこと、生きることが可能な方法があるはずです。はっきりしていることは、もはや昔の働き方を基準に考えてもダメだということです。新しい状況を逆手にとることで、この時代をしたたかに、楽しく生きられる方法があるかもしれません。一緒に考えてみましょう。

ブラック企業に勤めていて、軽く絶望しています。

大学を卒業し五年が経ちました。現在働いている会社についての相談です。

書面上は「正社員」となっていますが、実態は「契約社員」と同じで、毎年契約を更新している状態です。契約を打ち切られる同僚も毎年見てきています。また、非常識なワンマン経営で、社長が主催する「ピアノ演奏会」「トークイベント」など、勤務時間外のお誘いに参加しないと、反抗的な社員として目をつけられ、下手すると契約を打ち切られる可能性もあるので、我慢して参加しています。また、仕事中でも社長の滅茶苦茶な考えに同意できない発言をすると首を切られる可能性があるので、とりあえず首にならないように、全員が「YES MAN 社員」になりきり、不満を抱えながら働いています。

有能な同僚は、ちゃっかり就活も並行させて転職していき、毎年かなりの数の人が辞めています。先日、この一年間の離職率を計算してみたら、四〇％を超えていました。残業代も、もちろん払われず、有給休暇はもはや名前しかない制度です。なぜならば、新年度の初めに必ず「有給休暇を使わないでくれ」という社長訓示があるからです。どうしても有給休暇を取りたい社員は、社長に個別に懇願して許可を取らなくてはいけないのですが、先日は、社長の正式な許可のないまま有給休暇を使用したとして、同僚は給料から罰金を天引きされました。その日、彼はとくに休めないような仕事の状況ではなかったのに、有給を使えないどころか、罰金まで取られていることに腹が立ってなりません。

職場には労働基準監督署から通知がきているようですが、その通知はいつもゴミ箱に捨てられるだけです。自分自身で会社と戦おうかとも思いますが、やはり静かに辞めていった同僚がいちばん賢く賢明な気がしてき

●考えるための言葉

「働けど働けどなほ　我が暮し楽にならざり　じっと手を見る」

＊石川啄木　『一握の砂』

ました。ただ、自分が次にいい仕事に出会える有能な人間である気もしません。別の会社に移っても、どこもこんなもんではないかと、軽く絶望もしています。こんなブラック企業で将来も心配でなりません。

（二七歳・会社員・女性）

一刻も早く辞めることをおすすめします。

正社員と言いながら、いつでも解雇できる一年契約、社員に対する社長の恣意的で横暴な姿勢、残業代ゼロ、有給休暇は事実上なし、絵に描いたような「ブラック企業」ですね。こういう会社で働いていれば、早晩、心身に変調をきたすこと（心配な将来が現実になること）は目に見えています。職場を個人の力で変えることが絶望的に困難であるとすれば、自分の身を守るために一刻も早く辞めたほうがよいと思います。ただ、退職願を出すと懲戒解雇のような形を強制するところもあるので、辞め方も注意する必要があります。相談者さんの会社は離職率が一年間に四〇％ということで、むしろ比較的辞めやすいとも考えられますが。また、できれば労働局（労働基準監督署・ハローワーク・労働相談窓口）や、ユニオン（個人で加盟できる労働組合）などに相談することもおすすめします。

そうはいっても、相談者さんがなかなか辞める決断ができないのは、「いい仕事に出会える有能な人間である気もしません」という自分自身の問題と、「別の会社に移っても、どこもこんなもんではないか」という転職先の問題のせいですね。

まず、「有能な人間である気もしません」というのは、はっきり言って企業側の罠です――「おまえは無能な人間だ、どこにいっても通用しない、給料をもらえているだけで満足せよ」。有能か無能かというのは、企業によって押しつけられた価値基準です（残念ながら、いまの日本社会で全体に蔓延しています）。仕事上の有能・無能という実に曖昧な基準で人を価値づけるのは、現代社会に特徴的な社会的暴力です。私は、そもそも人の価値をはかること自体が暴力だと考えています。価値（よし悪し）は、「誰だれにとってよい・悪い」という評価主体との相対性、「他人と比べてよりよい・より悪い」という他との比較を本質としています。しかし人の存在そのものは、誰かにとってよかったり悪かったりするものでしょうか。他の人と比較してよかったり悪かったりするものでしょうか。人の価値をはかること自体が、私たち一人ひとりの存在を条件つきでしか肯定しない（言いかえれば、条件次第で否定する）暴力だと思うのです。そして、人には価値があるはずだという人間観を当たり前だと思ってしまうと、自分で自分に暴力を振るうことになりかねません――「自分なんて生きるに値しない人間だ」。こうした暴力的関係から解放されなければ、人間らしい生き方はできません。おっと、哲学的な話になってしまいました。言いたいことは、自分は価値ある人間なのかと自問するよりも、自分がどんな生き方をしたいかを大切にしたほうがよいということです。

次に、転職先の問題。非正規雇用者が雇用全体の四〇％近くを占めるようになった現状で、転職先を探すのは悩ましい問題ですが、「どこもこんなもん」と諦めることはありません。「ブラック企業」という言葉が普及しはじめたように、社会の目も少しずつ厳しくなってきました。遅まきながら政府も、悪質な企業の名前を公表するとか、重い腰をあげつつあります。ですので、企業のやりたい放題とはいかなくなっています。職場情報をよくチェックしながら、転職先を見つけてください。

考えるための言葉

「死はそれほど恐れることではない。むしろ耐え難い生を恐れよ。」

＊ブレヒト『スヴェンボルの詩』

何のために生きているのか、何をしたいのか、自分の人生を大切にしてほしいと思います。

（耳順くん）

元気があれば何でもできる！　会いたい人から元気をもらって。

大学を卒業して五年も働きつづけるなんて、たいしたものだと思います。しかも、職場の環境についても冷静に観察・判断できていますし、その能力があれば今後の人生もあらゆる可能性が考えられるかと思います。

ただ、先ほどの回答でもあったように、転職事情も易しくないのは事実なので、これを機会に自分自身の今後の人生を見直すことが必要なのではないかと思います。あなたは、仕事に何を求めていますか。お給料、社会的保障、やりがい、人間関係、専門性……あらゆる観点から考えて、どんな働き方をしたいのでしょう。仕事はあなたの人生の大部分の時間をもっていってしまいます。完璧にはいかないとしても、いまより納得できる環境で働きたいと思うことは、誰にとっても共通した願いですよね。そのためには、何より自分自身を知ることが大事です。これまでの過去の経験を自分で振り返ってみたり、親しい友人や同僚にアドバイスを求めたりするのも有効かと思います。自分が今後どう働いていきたいのか、具体的なイメージをもってみるのです。私の友人は、何よりも社会保障が大事だから、安定した企業での仕事は辞めないと決めて、仕事で求められないやりがいは、自分の趣味やサイドワークで求めると腹をくくって生きています。また、安定した大企業を辞めて、給料が低いけれどもやりがいを求めて小さなＮＧＯへ転職し、バリバリとスキルアップをしながらがんばる友人もいます。二人とも、それなりに元気です。あなたの状況を考えていちばん心配なのは、「軽く絶望して不安状態」にあることです。こんな不安定な世の中で、いちばん大事なのは「元気」です。冗談じゃなく、元気があれば何でもできるし、あなたが元気であれば、ほとんど何やっても大丈夫です。

私の別の友人は、失業の後に失恋……と、どうにもこうにも元気がなくなっている状態でしたが、ハローワークに地道に通い、失業保険を受け取りながら職業訓練の講習も無料で受けて、いまはアメリカで仕事を見つけて働いています。転職するにしても、いまは世界に目を向けるというのも一つの手です。それも元気があればこそ、できることですよね。

転職するにしてもしないにしても、まずはインターネットで、いろんな転職サイトを見てみるといいかもしれません。小さい頃に憧れた職業について、いまからでもなれないか方法を調べてみたり、自分が興味のある職業に就いている人に話を聞いてみたり、転職経験者に相談にのってもらうのも、よい参考になるかと思います。興味のある仕事や学校などがあれば、見学に行くこともできますしね。自分の頭のなかの考えに閉じこもらず、具体的に動いてみると、自分が見えていない絶望の向こう側の世界が見えてくるかもしれません。

ちなみに私は、不安定な会社で働いていますが、できればなるべく長く、この仕事に就いていることが願いです。それは、どんなに嫌なことがあっても、会社に行って仕事をとおして「会いたい人」がいるからです。私は、「元気」と同時に「会いたい人」がいる状態が、人にとってすごく大事なことだと思っています。別に、仕事場にいなくてもいいのです。家族でも友人でも、アイドルでも、本

●考えるための言葉

「闇があるから光がある。」
＊小林多喜二『書簡集』

のなかでも、心のなかでもいいかと思います。今回は仕事についての悩みですが、実は「会いたい人」がいる人生を大事にすることが、仕事だけでなく人生のあらゆる悩みを軽くしてくれるし、あなたを元気にしてくれます。元気があれば、何でもできる！　元気があれば、何やってもほとんど大丈夫です。

（えほんの虫）

就職活動で何社も不採用になり、落ちこんでいます。

現在、就職活動真っ最中なのですが、二〇連敗中で、なかなか就職が決まりません。不採用通知がくるたびに、あるいは就職先が決まった友人の話を聞くたびに、「自分は何でこんなダメ人間なんだ」、「一日でも早く決まってほしい、もしかしたらもう就職できないかもしれない」と落ちこんだり、焦りや不安な気持ちでいっぱいになります。私がいまの大学に進学した理由の一つは、就職率が比較的高いことでした。そのため、けっこう早くから内定を取る学生も多いのです。それだけに余計に焦ってしまいます。

学生生活を怠けて過ごしたつもりはありません。授業も真面目に出てきましたし、就活に備えて、三年生までに卒業に必要な単位もほとんど取りました。エントリーシートを書いたり、面接を受けるさいに有利になるだろうと、サークル活動やボランティア活動にも取り組みました。短期留学やインターンシップもしました。就活にあたっては、大学のキャリアセンターや自治体がやっている若者就職支援窓口に通って、いろいろと助言してもらいました。「志望動機がまだ曖昧」と言われれば、志望企業の「求める人材」の研究をして、志望理由を練り直し、「声が小さく、話し方がもごもごしている」と言われれば、発声の練習や、ハキハキしたキャラに見えるように演じる練習もやりました。自己PRでは、サークル活動やボランティア活動でのエピソードも交えて、ちょっと誇張しすぎかなとは思いつつも、相手にアピールできる内容になるよう工夫しました。

こうして就職試験に臨み、面接で手ごたえを感じたところも何社かあったのです。でも、結果はいつも不採用。いったい自分は何がダメなんだ。だんだん自信がなくなり、自分は何の価値もない人間のように思えて、落ちこんでしまうのです。こんな気持ちを切り替えて、前向きに就活に取り組めるようになるには、どうすればいいのでしょうか。

（二二歳・大学生・男性）

A

就職後も生きる余力を残すために、「役に立たない」自分を慈しむことから始めましょう。

ある学生さんから、「一年生のときから就活をしないと後れをとるよ」と、東京の私立大学に通う同級生にたしなめられたことに焦りを覚えている、という悩みを吐露されたことがあります。その学生さんは、もっと大学で考えたいことや学びたいことがあるのに、周囲に就活を煽られるとまったく手につかないと言うのです。

これにかぎらず、いまの学生さんの就活の大変さには、まったく唖然とさせられます。一〇人中九人が振り落とされるともいわれるエントリーシートの記入に忙殺され、採用される保証もないインターンシップに奔走するのだとか。フェイスブックのようなSNSは、企業の人事担当者にのぞかれて

考えるための言葉

「我々の時代には秩序正しい流れなどありはしない。」

＊シェイクスピア『ハムレット』

いることを前提に書きこまなければならず、アルバイト経験は忍耐力の品質証明として取り組まなければならないのだとか。

いくら就活が自分の売りこみだといっても、これだけ雇用側の目に管理され、自分と向き合う時間を奪われていれば、他人が要求する価値が自分の価値であると思いこむようになるのも無理はありません。

相談者のあなたは、サークル活動やボランティア活動も就活の役に立てようとしたり、キャラづくりのために声や表情も変えたりする努力をされていますが、その苦労は並み大抵ではなかったことでしょう。でも、サークル活動にしてもボランティア活動にしても、本来、活動することそのものが「目的」となるものです。ところが、あなたの場合は、はじめからそれらを就職のための「手段」にしてしまっています。おそらく、これがあなたの苦しみの根本にあるのではないでしょうか。

手段化されたものは、その目的が達成されないと無価値なものと見なされますから、不採用通知を受けつづければ、あなた自身が全否定されたと感じるのも当然です。でも、これは就職が成功すれば解決されるのかといえば、そんなことはないような気がします。それを教えてくれたのは、高校を卒業した教え子たちの言葉です。

僕自身、実業系の高校に教師として勤務することが多かったのですが、その現場では就活指導のさいに、高校生活で学ぶことの重要性ばかりが強調されていました。やれ運動部で活動したほうが有利だとか、ふだんから高校生らしい服装や頭髪を身につけておくことが大切だとか、多くの資格を取得すべしとか、やたらと就職を希望する生徒には、学校は労働力としての価値を高めるために勉強する場なのだ、という理屈が示されるものなのです。

教師なりたての頃の僕も、「そんなものかな」と深く考えずに、生徒にそううそぶいていました。

ところが、高校を卒業して社会で働きはじめた卒業生たちは、そんな教師の世間知らずぶりを教えてくれるものです。

「あれだけ一生懸命やった資格試験は、仕事で役に立ってませーん！」とか、「学校で勉強したことはほとんど忘れました！」、「カイシャのほうが服装も頭髪も自由ですよー。なんであんなに高校の服装頭髪指導が厳しかったのか意味がわかりませーん！」など、こちらの自己満足的な指導を問い質されている気がして、しばしば冷や汗をかかされたものです。

「だから高校は就職に対して役に立たないのだ」ということを言いたいわけではありません。むしろ、僕は、高校は就職に役立つことを教えると主張するスタンスから、就職してからも生きつづけられる力を学ぶ場であることを、堂々と語れるスタンスにシフトしていけばいいのだと思っています。

では、その力とは何でしょうか。

そのことを考えさせられたのも、やはり卒業生の話です。多くの卒業生は、高校の勉強なんて役に立たないと言いながらも、高校時代の思い出話に花を咲かせ、そのときに過ごした時間をしっかり肯定しているものです。しかも、そのほとんどが他愛もない思い出であるにもかかわらず、勉強なんかよりも生きた時間の記憶として残っているのです。友だちとの何気ない会話や失敗は、何かの役に立ったから思い出に残るわけではありません。部活動の辛い思い出だって、就職に役立ったから記憶に残るわけではないでしょう。それぞれが、それ自体で充実した経験や出来事だったからこそ、かけがえのない記憶として残っているわけです。そして、この記憶こそが人生の核となるべきものではないでしょうか。

●考えるための言葉

「自由の譲渡を許されるということは自由ではない。」

＊ミル『自由論』

これについて考えさせられたのは、ある卒業生の一言です。かなり多忙な企業に就職した彼女は、高校時代の自分を思い出せるからこそ、いまの仕事が辛くてもなんとか乗り切れるのだと言ったのです。それは高校時代の部活や勉強で忍耐力を培ったから乗り越えられるということではありません。過去の自分を肯定できているからこそ、いまを生き抜くことができるということです。過去の自分を肯定するとは、すなわち過去の生きた時間を慈しむことにほかなりません。

しかし、「だから学生時代によい思い出をつくるのだ」という言い方も、なんだか嘘っぽく聞こえます。そもそも、何かに役立てようと意図的につくれる思い出などあるはずもないでしょう。役に立つとか立たないとか、そんなことを度外視して、それ自体にのめりこむからこそ生まれる「生きられた時間」というものがあります。ある日突然、思いがけずに回帰してくるその記憶は、辛い現状をどこか解放させる力が備わっているのかもしれません。そして、その生きられた記憶として残る自分の核が形成されていないかぎり、たとえ就職がうまくいったとしても、その後を生き抜く余力は育たないのだということを、彼女の一言は教えてくれたのです。その意味で言うと、その人の人生の核となるものとは、自分のなかの「役に立たない部分」によって創り出されるとさえ言えるのかもしれません。

冒頭で触れたように、昨今の大学生の就活が、役に立つ／立たないという有用性の基準が絶対化されているがために、この余力を生み出しにくい現実があることはわかります。でも、そんな現実に適応してうまくいったとしても、結局は消耗品のように使い捨てられてしまうだけではないでしょうか。現状は厳しいけれど、これからの長い人生を生き抜くために、あなた自身のすべてを「役に立つもの」のために手段化させてはなりません。むしろ、そんな有用性の尺度だけでは割り切れない自分を、きちんと慈しむことから始めることが、前向きに就活に取り組める条件になるのだと思います。

（田舎の世界市民）

A

おカネはそこそこだけれど、誇りと生きがいの得られる職業を!

試験に落ちるというのは、実に嫌なものです。たとえ半分冗談で応募書類を出したとしても、落ちたとわかると、その日は人にも会いたくないし、ご飯さえ食べる気がしなくなります。ところが、最近聞くところによると、いまの大学入試や就活では、数十回も応募するのが当たり前だそうですね。身体が凍りそうになります。

そもそも、人間の心というのは、他人に認められることを求めるようにつくられているのです。言葉を覚えるということ自体が、自分の話した言葉が相手から理解されたり共感されたりすることによって可能になるのです。相手に話すたびに否定されたり、無視されたりしたら、話すこと自体が嫌になります。自分の存在を拒否するものが世界であるなら、この世界なんか消えてしまえと思ってしまうのです。だから、自分を否定されるような経験は、できるだけ少なくして生きるのがいちばんです。

そうはいっても、会社に雇われなければ食っていけないじゃあないか、という反論が聞こえてきそうです。たしかに、生きていくにはおカネが必要ですね。でも、いったいどれくらい必要ですか。いくらでも必要だろうと言われるかもしれません。

そこで、そもそもおカネとは何かを考えてみたいと思います。おカネが必要なのは、どういうとき

●考えるための言葉

「人間ってものは、五本の指を切って、痛くない指はないんだ。」

＊宋神道(慰安婦裁判での最終弁論)

でしょうか。もちろん、何か必要なものや欲しいものがあって、それが手に入らないときですね。おカネがあれば、街にはいくらでも手に入れられるものがあります。しかし、もしおカネで買わなくても手に入るものがあれば、わざわざお金を手に入れるために苦労する必要はありません。たとえば、仲のよい友だちがとてもすばらしい服や鞄をつくれる人で、その人がいつでも格安で良質なものをつくってくれれば、わざわざ普通の店で服を買う必要がなくなります。

そんなに甘くはない、どんなにすてきな服をつくってくれても、他にいろいろなデザインの服を欲しくなるものだとか、外国でなければ手に入らないもの、たとえばマンゴーやコショウを日本で欲しいと思ったら、おカネがないとダメだという反論があります。そのとおりです。しかし、そのおカネがたいしていらない生活というのもあります。私は農業をやっていることもあって、夏の間に限って言えば、食べていくのに必要なものは肉と魚を除けばほとんど市場に行かなくても手に入ります。そのうえ、外食による生活費はバカになりませんので、自分で料理をすると、材料費だけなら三分の一ですみます。仮に一日、朝昼晩の食事を全部外食として、二〇〇〇円かかるとしましょう。嘘みたいな話ですが、自分でつくれば七〇〇円ですみます。野菜などを自分の畑でつくっていれば、一日五〇〇円以下でしょう。全部外食なら一か月六万円するものが、たったの一万五〇〇〇円ですむのです。ご飯を食べていくだけなら、農業をやり、自分で料理をする力があれば、かかる費用はびっくりするほど少なくてすむのです。農業だけでなく、道具の修理や衣服の費用なども、仲のよい友だちがいれば、ただ同然ですむことも多いのです。というわけで、おカネのために他人の奴隷にならない方法の一つは、できるだけおカネがかからない暮らし方を覚えることです。そうすれば、そんなに無理して嫌な仕事を続けなくてもすむのです（大事なことがあります。料理ができると、とても自信がつくし、うまくなれば周りからとても重宝がられます）。

もう一つの方法があります。それは、若い世代にずっと嫌われ忌避されてきた職人や農業、自営業の道です。私は、漆や彫り物、左官の仕事をしている人と話す機会があると、仕事を嗣ぐ若い人のことを聞くのですが、みんな後継者などどこにもいないと嘆く人ばかりでした。こういう仕事は長い間の修業期間があるので、若い人のなり手がないというのです。しかし、これは逆ではないでしょうか。この長い修業期間があればあるほど、それは、その人に人間の輝きを与えてくれるのです。誰も真似することができないような見事な仕事を残せる大工や職人！　なんてすばらしいのでしょう。収入はたしかに、東京のど真ん中で働くサラリーマンより低いでしょう。しかし、先ほど述べたような暮らし方さえマスターするなら、ものを創ることのできる人の心の誇りはピカピカ輝きます。歳をとればとるほど尊敬の度合いが増していくのです。

それに比べたらサラリーマンなんて、実につまらない仕事です。ソニーやシャープに勤めたって、会社がいつ潰れるかわからない時代です。最近の世界経済の流れからすると、世界有数の企業だって潰れないという保証はどこにもありません。潰れないとしても、終身雇用が保証されるわけではないのが現代の流れです。それに、会社をクビになったり、辞めたりしたら、本人には何も残らないのです。会社からいらないと言われたら最後、人生までも終わりのように感じられてしまう。肩書きが消えれば、その人は過去の人物になってしまうのです。

ところが、職人はいつまでも役に立てるし、死ぬまで芸に磨きをかけることができます。自分で仕事をするかぎり、七〇歳であろうと八〇歳であろうと、望むだけ働けるという点では、完全終身雇用です！

私の知り合いで、オーディオメーカーの技術者としてオーディオ製品の開発を行った人がいます。彼は早々と会社に見切りをつけて、退職してしまいました。それからどうしたかというと、彼は電気製品や部品の修理ができるので、友人や知り合い、近所の人の電気製品が壊れると、材料費にほんの少しの手間賃だけで、たいていのものを直してくれるのです。電気製品なんて、大半は接触が悪くなったとか、ちょっとした故障なのですが、メーカーにもっていって直してもらえば、新品に買い換えたほうが安いくらいの目の飛び出るような修理代を請求されます。だから、たいていの人はもったいないと思いつつも、修理を諦めてしまうのが実情でしょう。ところが、彼は本当の技術家なので、二〇年以上も使って修理部品もなくなってしまったアンプなんかの修理を頼むと、もとのよりもいい音に直してくれるのです。しかも、びっくりするほど安い料金で!! というわけで、彼には、どうしても長生きしてもらわなければと思っています。

手に職や技術をもっている人は、かくもすばらしいのです。それなのに、大企業の事務職よりもずっと価値が低いかのようなイメージが、どうしてできてしまったのでしょう。それは結局、おカネに頼ってモノを消費することが生活の豊かさであるかのような時代の産物であり、過去の遺物だと思うのです。心に誇りをもちながら、そこそこに生きていかれることと、収入はあるけれど不満を抱えて不安定に生きるのと、どっちがいいかと聞かれたら、私は前者を選びたいと思います。そのためには、まずは就活も大事かもしれませんが、生きていることに誇りがもてるような仕事と生き方を準備していくのも、同じくらいに重要ではないでしょうか。

(人生実験くん)

Q3

仕事にやりがいを感じなければいけないのでしょうか?

五年ほど教師をやっていますが、まったくやりがいを感じません。もちろん、ときどき楽しいこともないわけではありませんが、教育に情熱をもって働いている周囲の同僚との温度差に戸惑いつつ、それなりの収入と待遇には不満もなくこれまで続けてきました。しかし、勤めてから三年経ったとき、ふとこんなことで人生いいのだろうか、と思い悩みはじめてしまいました。日本の教師は世界一忙しいといわれます。それはそのとおりですが、いくつかの調査によると、それと同時に「やりがいを感じる」という教師が多いようで、それによってどんなに理不尽な多忙にも耐えられると解釈されているようです。が、これがまったく私には当てはまりません。本当に生活のためだけです。しかし、このことを同僚に言うと白けられたり、最悪の場合は説教されたりします。どうも、やりがいを感じなければこの仕事に就くべきではないようです。でも、学生時代の就職活動を振り返ってみると、面接で答えたり履歴書に書きこむ志望動機には、いかに自分にとってやりがいのある仕事であるかをアピールしなければなりませんでした。つまり、教師だけではなく、仕事全般においてやりがいをもって取り組まなければならないことが美徳なのです。でも、仕事ってそういうものなのでしょうか?現実を見渡すと、やりがいをもてる仕事なんて限られるし、そんなもの嘘っぽく見えるのです。

(二〇代・教員・男性)

●考えるための言葉

「そこに労働がなされたということが、この果実を共有のものと区別する。」

＊ロック『統治論』

A

仕事で培った演技力を試す機会です。

一緒の職場だったら、さぞや気が合っただろうな、と思う相談文でした。正直に言って、私も生活のために働いているからです。教師は、表現力や発信力が強く求められる分、あなたの言う「やりがい」をやたら出さなければいけない仕事です。私もそのことに苦しんでいます。以前はその苦しみから逃れる海外旅行のために働いていたのですが、最近は「生活のために働いています！」なんて言えそうで、少しは人並みに近づいてきたのかも、と思っていました。あなたの相談文を読んで、生活のために働いていると伝えると、人を白けさせたり、お説教されたりすることを知り、驚いているところです。

しかし、そもそも教師にとって、「やりがい」ってどういうものなのでしょうか？「やりがい」と表現されていることは、あなたが「やりがい」と勘違いしているだけのものではないでしょうか？たしかに、私の周りにも、あなたが表現するような「やりがい」を最大限にアピールして仕事しているように見える人もいます。でも、そう見える人ほど、なんだか自分の行動を無理矢理に肯定するために「やりがい」という言葉で武装して、演技をしているだけではないかな？とか思ってしまうのです。私の考えでは、教師は、けっこう演技力が必要な仕事です。生徒のために知らないふりを貫き通したり、信条とはまったく逆の制度や規則を受け入れたりすることがたくさんあると思うのです。

たとえば、私は現実逃避だった数々の海外旅行の経験から、世界の人の髪の色やその質にはさまざまあることを知っています。ですから、学校現場での黒髪至上主義に違和感を覚えています。しかし、働きはじめてから二〇年間にわたり、生徒が黒髪を受け入れるように巧みに誘導してきました。校則だからとか、就職や進学で不利になるとか、はたまた近隣の人からの目があるからとか言って、ずっと自分の本心を押し殺して指導してきたのです。あるとき、押し殺してきた気持ちが爆発するようなことが同僚に対して起こりました。それは、生徒が黒髪にしなくてはいけない理由は「食パンやソーセージに髪の毛が入っていても、すぐに見つけることができるから」だと、私に自慢げに言ってきた同僚がいたからです。これは、直感的に変だと思いました。パンやソーセージって黒髪の人だけの食文化でしょうか？　髪の色が黒くない人は、黒くしたほうが食品衛生の意識が高まるのでしょうか？　心に浮かんだ数々の疑問は、私のそれまで押し殺してきた気持ちを本心に変えました。そして、つい「それって変じゃないですか！」と叫んでしまったのです。これは大失敗でした。私の本心は、その場にいる同僚たちからは異端としてとらえられ、これまで以上の変人として扱われることになってしまったのです。

　私は常に、自分の〝やってみたい！〟という気持ちを大事にしたいと強く思って生きてきました。だからこそ、自分自身がコントロールできる生活（世間でいう私生活でしょうか）では、いろいろなことに挑戦してきました。けれども、仕事のときは結構な割合で挑戦するという気持ちにはなりきれないのです。割合と書いたのは、数ではないからです。数は少なくても、自分の内心に反していたり、何も考えずにただ過ぎ去ることだけを願ってこなせばよい事務処理だったりするので、「やりがい」とはかけ離れ、心に占める割合だけが大きいのです。さらに、四〇代になったらなったで、職歴の長さとか職場の年齢構成とか、自分の能力とはまったく関係のない言葉に縛られた仕事が増えてきました。時間内にやりきれそうにないことや不向きな仕事をあてがわれ、いくら論理的に無理だと訴えて

●考えるための言葉

「人間の生活は孤独で貧しく、つらく残忍で短い。」

＊ホッブス『リヴァイアサン』

も、それはわがままとしてしかとらえられないのです。仕事って、本当に恐ろしいシステムです。論理だって通用しないのです。

あなたは、「やりがい」のことを考えているだけ誠実な人です。でも、私からアドバイスするなら、自分の考えを素直に伝えることはそろそろやめて、仕事で培った演技力を最大限にご自身にも活用することをおすすめします。さもないと私のように変人扱いか、どんな論理的な主張でもたんなるわがままとされてしまいますよ。

（かつては冒険家）

やりがいを求める必要はなく、ときどきやりがいを感じられれば幸い。

仕事にやりがいを求める必要はないと思います。後で述べるように、「仕事」と「やりがい」はどこか矛盾する面があり、仕事にやりがいを求めようとすると無理が生じるからです。まして、他人から「仕事にやりがいを見出しなさい」などと言われれば、この無理はどんどん大きくなってしまいます。ですから、仕事はやりがいのためではなく、生活のためと割り切ったほうがよいと思います。とはいえ、まったくやりがいが感じられないとすると、その仕事は続けられませんよね。実際、相談者さんは、「ときどき楽しいこともないわけではありません」と、広い意味でときどきはやりがいを感じているので、いまの仕事を続けられているのでしょう。ということで、とりあえずの現実的で穏当な答えは、仕事にやりがいを求める必要はないけれども、ときどきやりがいが感じられればそれで十分というものです。

ギリシア神話に登場するシーシュポスは、神々を欺いた罰として、大きな岩を山頂まで持ち上げるよう命じられますが、山頂に着く直前に岩は転がり落ちてしまい、また同じことを永遠にくり返さなければならなかったそうです。「やりがい」という点から見れば、これほどやりがいのない仕事はなさそうです。いくらくり返しても、何の成果も得られないのですから。できることなら、こんな仕事はさっさと辞めてしまいたいですね。しかし、山頂に岩を持ち上げるという点ではまったくの徒労なのですが、これを続けられたシーシュポスには、ひょっとすると何らかの楽しみがあったのかもしれません。岩の感触が心地よいとか、自分の力で岩が動くことが面白いとか——何かを自分で押し倒すことが楽しくて、それをくり返す幼児のように？　言いたいのは、仕事の成果だけでなくちょっとした楽しみも含めて、なにひとつ仕事にやりがいが感じられなければ、実際問題として仕事を続けるのは難しいだろうということです。

さて、相談者さんは、「やりがいをもてる仕事なんて限られるし、そんなもの嘘っぽく見える」という一般的な問題も出しているので、そもそも「やりがいとは何か？」ということを考えてみます。

「やりがい」は一般に「するだけの値打ち」という意味で（『広辞苑』）、「やりがいのある仕事」とは「それをする値打ちのある仕事」ということになるでしょう。「（何かを）する」と「値打ち」の二つが結びつけられているので、それぞれについて考えてみましょう。

まず、ここでの「する（やる）」は、自発的な行為（自分自身からこうしようと思って行う行為）を表しています。何かを行っているとしても、たとえば奴隷労働や強制労働のように（先のシーシュポス）、それが自分の意志にもとづいたものでなければ、「やりがい」とはほど遠いものになります。

●考えるための言葉

「社会に生きる人は、常に自分の外にあり、他人の意見の中でしか生きられない。」

＊ルソー『人間不平等起源論』

この点から見ると、職業は自発的に選択したものかもしれませんが（現在の職業選択が本当にそうなのか疑わしいところもあります）、その職に就いて行う仕事は、自発的に選択したものとはかぎりません。生徒に国歌を斉唱させるとか、生徒の服装や頭髪の検査などという意味不明な仕事も、職務として行わなければならないのです。

さらに、職業とか仕事自体が、他人のために何かをしてはじめて自分のためのもの（たとえば給料）を得るという関係になっています。夏目漱石は『道楽と職業』という講演で（一九一一年）、「職業とか専門とかいうものは……自分に不要な部分を挙げて他の使用に供するのが目的であるから、自己を本位にしていえば当初から不必要でもあり、厭でもある事を強いて遣るという意味である。よく人が商売となると何でも厭になるものだといいますがその厭になる理由は全くこれがためなのです。いやしくも道楽である間は自分に勝手な仕事を自分の適宜な分量でやるのだから面白いに違ないが、その道楽が職業と変化する刹那に今まで自己にあった権威が突然他人の手に移るから快楽がたちまち苦痛になるのは已を得ない」と語っていました。現代との社会状況の違いや、仕事を「自己本位」か「他人本位」という面からだけ見ることの一面性は措くとしても、自分本位では仕事は成り立たないという指摘は重要だと思います。とすると、「やりがいのある仕事」ということ自体、「黒い白鳥」とまではいかなくても矛盾をはらんだものになります。まして、「やりがいを感じなければならない」ということが自発性を無視して言われるなら、「他人本位」の極みになるのではないでしょうか。

次に、「値打ち」について。明らかに人を傷つけたり騙したりする「仕事」は別として、どんな仕事も何らかの「値打ち」あるいは「価値」を生み出すはずのものです。その「値打ち」がどういうものかは仕事によっても違いますし、その人にとって仕事がどのような意味をもつのかによっても違います。自分が生徒に教えたことで、めきめきと成績が上がり志望校に合格した。部活動の指導をした結果、県大会で優勝した。こうしたことに自分の仕事の「値打ち」を見いだす先生もいるでしょう。あるいは自分の仕事によって、生徒たちが達成感を味わい成長できた、生徒同士の絆が深まった、よい思い出づくりができた。そこに満足感を覚える先生もいるかもしれません。ですが、こうしたことは結果として言えることであって、いつも思いどおりの結果が得られるわけではありません。ところが、「値打ち」が目的になってくると、なんとしても「値打ち」あることを実現しなければならないという意識になります。そうなると、思いどおりの結果が得られない場合、「仕事のやりがい」という理想とのギャップに苦しむことになります。だとすれば、「仕事にやりがいを求める」のではなく、「ときどきやりがいを感じられれば幸い」くらいの意識で仕事をしたほうがよいのではないでしょうか。

私の勤める大学には、福祉職や看護職に就く人を養成する学部があります。福祉や看護の仕事は、一目で人の役に立つことがわかる仕事ですが、離職率も高く、人手不足が続いています。一つの大きな原因は、仕事のわりに給料や労働条件が悪いことです。ただもう一つ、「やりがい」をめぐる問題があると思います。「人の役に立つ」という「値打ち」は常に結果として得られるわけではありません。というのも、本当にその人の役に立っているのかは、その相手次第という面があるからです。その「値打ち」を求めれば求めるほど、ギャップも大きくなり、燃え尽きてしまうということもあるように思います。人の役に立つことは立派なことですが、それを目的として追求しはじめると、本末転倒になると思うのです。ここでも、「仕事にやりがいを求めるわけではないが、人の役に立てたと思えるときがあれば幸い」くらいがよいのではないでしょうか。

（耳順くん）

●
考えるための言葉

「最大多数の最大幸福。」
＊ベンタム『道徳と立法の諸原理序説』

Q 4

休みを取っているほうが、仕事も充実するのでしょうか？

大学の同級生は定職に就くことさえ難しいという状況のなかで、自分がいまの仕事に就けたのは、とてもラッキーでした。そのうえ、自分が子どもの頃からずっとなりたいと思っていた仕事に就けたのです。本当に嬉しくて、やる気いっぱいの社会人生活が始まりました。いろんなことに挑戦したいし、アイデアも湧いてくるので、残業も厭（いと）わないし、休日も出勤しています。

でも、職場の先輩から「きちんと休まないと、いい仕事ができないよ」とか、「あなた自身の生活を充実させれば、もっと仕事に役立つよ」と言われるのです。こういう助言って、私にはまったく理解できない、というのが本音です。実際、休みを取るよう助言してくれる先輩の話といったら、「結婚生活の憂鬱（パートナーの悪口）」であるとか、「子育ての悩み（子どもの学校の話）」であるとか、「親の介護の悩み（病院や病気の話）」であるとかです。そういうことを話題にする人たちは、「ちょっといろいろあって……」とか言って休暇を取ったり、定時になると仕事があっても勝手に切りあげて帰ってしまうのです。自分のような入社間もない人間が残業して働いているから仕事が成り立っているのを、わかってくれているのかな、と腹立たしく思うときもあります。

先輩が、「きちんと休まないと」とか、「あなた自身の生活を充実させれば」とか言っても、結局、自分の家庭やプライベートな事情をただ仕事にもちこんでいるだけではないかと思います。自分の給料が何のために支払われているのか、わかっているのでしょうか？

（二〇代・会社員・女性）

A

仕事がもつ他者への攻撃性から解放されるために必要です。

休みは仕事のためにあるのではないと思います。もしあるとすれば、それは、よりよく働くために必要な「休憩」を指すのであって、それが生活全般にわたっての「休み」を意味するのであれば、寝ても覚めても息苦しくてたまらないでしょう。だから、「仕事を充実させるために休みは取るべし」といった考え方には、相談者とともに賛同しかねます。しかし、そうだからといって、相談者のように寝る間も惜しんで仕事に没頭することもまた、僕にとっては耐えがたく息苦しいものに映ります。意地悪な言い方ですが、実は仕事を公私混同しているという点では、相談者のあなたも同じなのではないでしょうか。

仕事に対する「やりがい」というものは、それ自体とても主観的なものにすぎません。だから、「仕事にプライベートの事情をもちこむな!」と批判しながら、あなた自身の個人的な「やりがい」を不問にすることはフェアとは言えないと思うのです。いや、相談者のあなたは、その「やりがい」は断じて個人的なものではないと言うかもしれません。会社のため、ひいては社会のために働くことが私事であるはずはない、と。でも、それは「仕事人間」が陥る落とし穴なのです。

実は、教師として働く僕自身、相談者と同じような思いをした、苦い経験があります。僕も相談者と同じように、希望する仕事に就けたはずなのですが、勤めはじめの頃は、休みもなく働きながら、その一方で残業もせず、土日もしっかり休み、しかも高い賃金を得ている同僚に対して、いつの間に

考えるための言葉

「怠ける権利を宣言しなければならぬ。」

＊ポールラファルグ『怠ける権利』

か不平不満を抱くようになっていきました。そんな不満を愚痴ると、きまって先輩教師たちは、「たんに金を稼ぎたいんだったら、そもそも教師なんて仕事に就かないだろ。俺たちは生徒たちの成長のために仕事しているんだ！」と叱咤激励してくれたものです。自己犠牲を厭わない、いわゆる「聖職者」思想ですね。すると、若かりし頃の僕はその気になって、ますます必要以上に休みを取る同僚を蔑（さげす）んだ目で見るようになっていきました。いまから考えれば、ずいぶんと世間知らずで、生意気な若手だったと赤面の至りです。

　しかし、勤めはじめてからしばらく経った、ある日のことです。ある同僚が、別の同僚の働きぶりを罵倒している姿を目にしたとき、ふと自分自身の姿が鏡に映し出されたような気がしたのです。そして、われに返った僕は、「いつの間に自分は、あんなに情けない人間になっていたのだろう」と自己嫌悪に陥ったのです。結局、仕事の世界だけに自己実現を求めてしまうことは、どんなにやりがいを得たとしても、知らず知らずのうちに傲慢にならざるをえなくなってしまうのです。

　こんなふうに考えられるようになったのは、仕事とは別に、「哲学カフェ」*という市民活動に取り組みはじめたことがきっかけです。そこでの僕は、けっこう忙しく運営にたずさわっています。けれど、そこでは一緒に活動する仲間に不満を抱くことなど、まずありません。たしかに、仕事と市民活動とを一緒くたにはできないでしょう。けれど、前者に生じる他者への不満や攻撃性が、後者において、なぜほとんど生じないのか。その理由は、市民活動が利益を求める手段となる活動ではなく、それ自体が楽しい目的となる活動であり、さらに言えば、そこに集う仲間たちが目的そのものとなっているからなのだと思います。

＊　哲学カフェは、哲学を専門としない一般市民がカフェや市民スペースなどに集い、哲学的な問いをめぐって自由に語り合う場である。一九九〇年代にパリで生まれた哲学カフェは、二〇〇〇年代には日本全国で広まっ

ている。

マルクスという人は、本来、労働には労働者たちが協力して働くことで生まれる喜びがあるといいます。しかし、利潤の最大化を目的とする資本主義のもとでは、競争原理によって労働者同士が対立する「疎外された労働」にならざるをえないと批判しました。では、このように仕事や労働に他者を攻撃させる暴力的な要素が含まれているのだとすれば、そこからどうやって自由になれるのでしょうか。その答えは、やはり僕は「休み」を取ることにあると思います。

この場合の「休み」とは、肉体の休養を取るという意味だけでなく、仕事とは別の領域で生きる自分を確保することを意味します。人は自分のなかに複数のアイデンティティをもつ存在です。労働者としての私、家庭人としての私、市民活動する私、孤独に哲学する私……。それぞれの「私」がすべて自由である必要はなく、お互いが調和のとれているときに精神は安定するものなのです。そして僕は、自分のアイデンティティを仕事だけに還元するのではなく、できるかぎり複数の「私」が生きられる場を確保したほうがよいと考えるのです。そして、その複数の「私」を確保するために、仕事以外の「休み」が必要になるわけです。

くり返しますが、市民活動で動きまわっているとき、僕はけっして肉体的には休んでいません。でも、誰にも支配されずに、誰をも支配せずに自由に動きまわっているとき、とても僕は精神が満たされていると感じるのです。そして僕にとっては、これが仕事から解放された「休み」なのです。

「仕事人間」とは、自分の存在を仕事に一元化する人を指しますが、そこだけで自分を生かすのは、とても危険です。人間は生活していかなくてはいけない以上、「疎外された労働」に従事せざるをえ

●
考えるための
言葉

「わが亡きあとに洪水はきたれ！　これが、すべての資本主義国の標語なのである。」

＊マルクス　『資本論』

ないのも事実です。でも、生きる充足感が仕事だけにしか感じなくなるとき、それは同僚だけではなく、家族や友人といった身近な存在にも刃を向けはじめる危険性があります。仕事がもつその危うさを、僕らはもっと真剣に考えてみる必要があるのではないでしょうか。

（田舎の世界市民）

神の愛をとるのか、それとも人間に愛されたいのか、その選択が問題なのです。

相談者の方ほど、私は仕事が好きではないかもしれません。私も学生時代に、ボウリングやパチンコに熱中したことがあります。いまも、街のパチンコ屋の前には朝から列をつくって、一日中でも粘ろうと心に決めているような顔をしている若者や中年のおばさん風の人もよく見かけます。その気持ちが手にとるようにわかるのです。スカッと一〇本のピンが吹き飛ぶように蹴散らされる快感に、こんな楽しいことなら一日中でもやっていたいと思ったこともあります。学生のなかには、パチンコに熱中するあまり、ほとんどパチプロのようになって授業に出てこない学生もいました。いや、遊びの話をしているのではない、仕事に熱心で何がいけないのか、というのが相談者のご質問かと思います。

実は、私も別の形で同様な悩みをもったことがあります。私はどう見ても子ども好きとは言えない人間なんですが、結婚して結果的に子ども三人を育てました。そのときに生まれた思いは、ずうっと忘れられない痛みとして、いまも私の心にぬぐい去れずに残っています。当時、私は仕事に精一杯だったのです。だから、一刻も惜しんで仕事のための時間を確保したかったし、いい仕事を残したいと必死だったのです。

ところが、子どもの誕生は、そうした私の仕事への意欲をあらゆる点で殺ぐようなものでした。とにかく子どもというのは、わがままな専制王です。とりわけて、自分で歩いたり、言葉をしゃべったりという自立の第一歩を歩みはじめるまで、赤ん坊は絶対的な無力者ですから、何をするにも親を奴隷のようにこき使う存在です。おむつが汚れたといっては泣き、お腹がすいたといっては絶叫します。おむつの交換や食事なら想像がつくのですが、訳のわからない要求でいつまでたってもグズりつづけるときには、まったく頭がおかしくなります。たんに室内の空気がよどんでいるのを不快だというだけのときもありますが、困ったことに、親がどんなにいろいろ考えてやろうとも、欲求が満たされるまでひたすら泣きつづけることも少なくないのです。病気のときには、さらに困った存在です。明日は大事な仕事で出張だという前の晩に、突然四〇度の熱が出て、しかも妻は別用で家にいないといったことが起こると、もう悲劇です。誰にも預かってもらえない場合には、どうにも逃げられないという切羽詰まった思いで、心が鬼になるか、絶望してしまいます。

私は男性として育てられてきたので、自分にとっていちばん大切な仕事や目標に取り組もうとするときに、自分の時間をいっさい諦め、子どもという絶対的弱者のために時間を捧げなければいけないという育児の営みが、ひたすら不条理に思えたものです。その頃、有名銀行の支店長だった男性が、障がいがあって衰弱気味だった赤ん坊の世話に四苦八苦し、このまま食事を与えないで死んでもらったらと考えたことがある、と告白したのを聞き、私はその人を鬼のような悪人とはとても思えなかったのです。

何が言いたいのかというと、人間が他者と一緒に生きることと、仕事や創造的な活動に熱中してそれに没頭することとは、そんなに容易に調和できないということです。たとえば、私が子どものことを無視し、妻に育児や介護を任せきって仕事に専念して、すばらしい成果をあげたとしましょう。しかしそれは、会社や社会のなかでは高く評価されることかもしれませんが、自分がいちばん大切にしたいと思っているはずの妻や家族からは、必ずいつか復讐されます。恋人関係を見れば、一目瞭然でしょう。どんなに愛していると言われても、デートの時間でさえいつも仕事のことを考えて落ち着かないパートナーを信用できるでしょうか。毎回、明日が仕事の締め切りだと言って、デートを早めに切りあげたがっている男性の愛を信じられるでしょうか。

愛するというのは、その人との時間を無条件に大切にし、それを共にすることなのです。それは、結果を残して、社会的に認められたり評価されたりする営みとは次元の違うものなのです。仕事のために熱中する時間とは厳然と区別される人間のもっとも重要な活動なのです。私は大学の教員をしていましたが、つくづく、研究者や芸術家は結婚しないほうがいいと思ったものです。なぜなら、社会的評価を受けるような作品や業績をあげようと思えば、親しい者と生きることを慈しむ時間は敵だからです。

というわけで、私はあるときに、人生上の大回心をしました。私が人と一緒に生きることを願うかぎり、仕事を優先することは人間関係をないがしろにすることであり、人間としての犯罪行為なのだと決めたのです。それ以降、私は、相手が人生の相談をしたいとか、親しくコミュニケーションしたいと言うときには、スケジュールを調べて時間が空いているかどうかをチェックしないようにしました。まず、話をする時間を無条件につくって、そのうえで仕事のやりくりをするようにしたのです。私にとって人生で本当に大事なのは、信頼できる親しい者との時間を生きることだと、深く心に刻んで決意をしたからです。

しかし他方で、私は、こうしたやり方にすべての人が従うべきだとは思っていません。なかには、どんなに忙しくても、うまく仕事と生活のバランスをつけられる人もいるかもしれません。でも大半は、いまの社会では能力のある人であればあるだけ、結果的に仕事優先になってしまうのではないかと思っています。
もう一つ付け加えれば、本当に世紀の大天才のような人は、仕事や創造的な活動のために周囲の親しい人間関係を犠牲にしてしまうのも、やむをえないのではないかと思います。こういう人は、音楽史上最大の天才の一人、モーツァルトのように「神に愛でられた」人（彼は、ヴォルフガング・アマデウス・モーツァルトというのですが、アマデウスというのは、「神に愛でられた」という意味にも読めるのです）として、この世に「生きる」（古代ローマの言い方によると、「生きる」というのは「人びとの間にある」ということだそうです）人ではなかったのです。だから、「自分は人間の愛はいらない、神の愛のみが欲しいのだ」という人は、仕事と創造活動のために生きてもいいのだろうと思います。ただし、それは人間の孤独という、もっとも恐ろしい事態と直面することになるとは思うのですが。

（人生実験くん）

Q5

収入が低くて結婚できそうもなく、これからの人生が不安で仕方ありません。

二〇代前半で就職し、仕事は楽しくもなかったけど定時に帰れ、土日は完全に休みという職場だったから、なんとなく仕事は続けてきました。たいして人づきあいも好きでなかったから、休みの日は唯一の趣味であったゲームをしたり、ネットを見るなど、一人で過ごしていました。しかし三〇代に入って、仕事上で起こした

●考えるための言葉

「すべて国民は、健康で文化的な最低限度の生活を営む権利を有する。」

＊日本国憲法（第二五条）

トラブルがきっかけで職場にいづらくなり、休職後に退職。いまは、なんとか働き口を見つけてその仕事をしているのですが、単年契約の不安定雇用であり、年収も二〇〇万ちょっとです。

二〇代の頃は、収入も安定していたし、彼女や結婚なんてたいして興味がなかったのですが、仕事が不安定になってから、一人で自宅にいると夜な夜な、将来への不安と孤独感に襲われます。結婚でもできれば、この孤独感から抜け出せるのではないかと思うのです。しかし、もともと人づきあいが得意ではないし、ネットやニュースを見ていると、彼氏や夫の年収が三〇〇万円未満でもよいという人はたった一％以下、希望平均年収は六四〇万円！　だと出てきます。いまの自分の年収の三倍以上です。婚活や合コンなどに参加できれば少しは出会いがあるかもしれませんが、自分の年収や職層などを伝えなければならないのでしょう？　こんな調査結果があるのでは、恥ずかしくて、そんなものに参加できるわけがありません。

結局、結婚を求める女性からしてみれば、一家を支えられない自分のような人間は無価値な人間でしょう。かといって、抜本的に年収が上昇するような仕事にいまさらつけるとも思えません。このままでは孤独感に押しつぶされて死んでしまいそうです。なにかよいアドバイスをお願いいたします。

（三〇代・契約社員・男性）

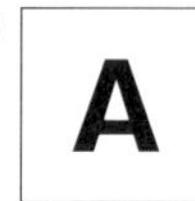

A

二〇〇万×二人、三人……で暮らすような選択はありえませんか？

相談者さんと同じような年収・年齢です。相談者さんの焦りや孤独・不安感、すごくよくわかります。僕も大学以後、非正規等の仕事でずっと不安定に生きてきているので。ただ、相談を読んでいて思うのですが、耐えられないほどの孤独感や不安感から、恋愛・結婚を求めているように思うのですが、それ以外の選択肢だって大いに検討できるのではないでしょうか？

統計的に言えば、現状約四割が非正規雇用といわれており、年収・職層だけ見れば、私たちと同じような状況にそれだけの人がいるわけです。また、不安定雇用だからといって、不幸な境遇だとも一概に言えないように思います。同じような職層の人たちとつきあっていると、実は、ある意味積極的に非正規雇用を選んでいる人たちもいます。正社員が激務という理由から非正規を選ぶ人もいますが、それとは別に、もともと仕事とは別にやりたいことがあり、現金収入の道として非正規を選択しているんです。僕も、そうした仕事をしていたことがあります。月一六日勤務で年収二〇〇万に欠ける程度ですが、月の半分が仕事以外の自由な時間で、最低限の暮らしが保障されるという選択は悪くないと思っています。

ただ、このような暮らしが精神的にも経済的にも成り立つためには、さまざまな工夫が必要です。当時、僕は男性の友人とルームシェアをしており（ルームシェアに関して言えば、いまから五〜六年ほど前は男性同士だと、ほとんどの不動産屋で門前払いを受けた屈辱？　がありますが、近年はまったくなくなりました）、また職場で食べる昼食はほとんどお弁当、夕食も必ずと言ってよいほど手づくりです。人との会い方も意図的に変えており、外食・飲み会中心の会い方は極力控え、家でみんなで料理をつくりお酒を飲むような、パーティに招く形にしています。これだけで、僕の実験では、家賃＋三万あれば十分といえるような生活をしていけます。消費的な生活をせずとも、自分なりに満足のいく暮らしはできるものです。二〇〇万で一人で暮らすのは大変だけれど、二〇〇万×二人、三人……と協力しあって暮らすことだって、十分選択肢に入れてよいのではないでしょうか。

しかし、これまで三人の人間とルームメイトとなっては離婚する（解消する）、という経験をして

●
考えるための
言葉

「規制された、甘く、平穏な隷従。」
＊トクヴィル　『アメリカの民主主義』

きたうえで思うのですが、どんなに仲のよい相手とでも、二年も一緒に暮らしつづけると、お互いの環境や望むものが変化したり、関係が悪化するわけではないけれど空気のような存在になったりして、解消の道をたどったのです。持続性という観点で見ると、やや耐久性に欠ける生活のあり方なのかもしれません。とはいえ、それが恋人とか夫婦だからより耐久性があるとも言い切れないですけどね。

（22歳からの活動家）

疑わしい場所で生きることが苦痛なら、それを声に出してみませんか。

私は自分では平凡な人間と思っているのに、人とはちょっと外れたところに自分の居場所があるのではないかと、ずっと感じていました。周りの人の輪に入ることができずに、ずっと暮らしてきたからです。自分の気持ちを大事にして人と交わらず、そのことをまったく隠すことがなかったので、周りの人からは気取っているように見えたことでしょう。でも、そんなふうに人から思われていても、私は平気でした。それは、自分が住んでいる世界はずっと平等だと考えていたからです。平等に扱われるなら、無理して人に合わせて生きなくても、私の努力次第で道が開けると思っていたからです。

いま考えると、過去の私はバカでした。だって、努力次第で道が開けることなんてないからです。私はあるときに、はっきりと「この世界は平等ではない」とわかったのです。自分の住む世界を信じて生きることなんてせず、まず疑ってかかるべきだったのです。

自分の世界を疑うきっかけは、大学卒業間近の就職活動のときでした。私は女性です。そのことが就職活動でまったく有利にはたらかないことが、身をもってわかったのです。とくに驚いたのは、性別によるあからさまな差別を学生に悟られないように、会社が巧みに行っていることでした。会社は個人の名前によって性別を判別して、男子学生を選抜していたのです。就職のための情報が男性と思われる名前の人には届くのに、女性と明らかにわかる名前の人には届かなかったのです。それまで、個人の能力によって仕事は得られると思っていたのに、名前だけでまず与えられる情報が異なるのです。こんな不公平があっていいのでしょうか？　両親からつけてもらったお気に入りの名前が仇となるなんて！　私は、絶望して世界を呪いました。大学卒業間際まで、この世界は平等で、そのなかで一生懸命にやることだけが美徳のように言われ、自分でもそう思ってやってきたのに、就職活動についての私の運命は名づけられたときから実は決まっていたのです。それまで二〇年間の個人の努力なんて、必要がなかったのです。堅実に生きることと、世界が自分を受け入れてくれることとは別だったのです。

二〇年以上だまされていた状況が怒りに変わり、私は復讐するためにも、自分の希望の仕事に絶対に就こうとあがきましたが、残念ながら、それは叶いませんでした。就職活動では、現実の世界はなお厳しいことだけがわかりました。生活のためにやむなく好きでもない仕事に転々と就き、今日まで二〇年働いていますが、経験に比べても年収は下がっています。いまでも不平等だと不満に感じて働く毎日で、どうしてこんなことが自分の身に起こっているのか、まったく理解できないのです。

他の人はどうやって不平等な世界と折り合いをつけているのでしょうか？　こんな不平等で疑わしい場所で生きているのに、なぜ黙って静かに生きている人が多いのかと、二〇年間ずっと疑問に感じ

●

考えるための言葉

「精神のない専門人、心情のない享楽人。」

＊ウェーバー　『職業としての学問』

ていました。最近、テレビで見て気になったので、気まぐれにデモに参加してみたら、自分たちが生きるこの世界がどれだけ不当かと声をあげて怒っている人が多いことに驚きました。本当は、誰でも自分の置かれている不平等や不公平について声をあげる権利があったのです！　どうしてそういうことを誰も教えてくれなかったのでしょうか？　二〇年間も自分の心のなかにだけ不満を抱えて悩んできたのは時間の無駄でした。

あなたの悩みである結婚、年収、雇用が思うようにならないのは、世界のすべてがもともと不平等だからです。あなたの体から考えや思いを声に出すだけでも、心が軽くなると思います。夜な夜な一人で将来への不安と孤独感に襲われているなら、これからは誰か同じ悩みをもつ人と一緒に行動し、大きな声を出していきませんか。

（かつては冒険家）

Q6

いまの意欲の湧かない仕事を辞めても生きていける方法はないでしょうか？

会社に勤めて二年です。毎日朝六時には起きて都内に出勤するのですが、最近もう無理だなと思う気持ちが強くなって困っています。まず、毎朝の満員電車に乗ると、身体中が悲鳴をあげます。身体がへし折れてしまいそうなほどの満員電車、互いに触りたくもないのに身体が密着し、職場に着くまでに一日分の全エネルギーを使ってしまういきおいです。そのうえ、職場は残業が当たり前で、みんなが殺気立っています。でも本当のところ、やりがいがあると言えるほどの仕事ではないし、こんな仕事を真面目にやりつづけたとしても、その意味が感じられるとは思えません。出世したって、せいぜいが課長どまりでしょう。いったい世間の人は、どうしてこんな退屈で耐えがたい仕事をやりつづけられるのでしょうか。
おそらく、どうがんばっても、もうあと一年勤めるのが限度です。もちろん、仕事を辞めたら生活できないことぐらいわかっているつもりです。でも、どれだけ努力しても、会社がいつまであるかも怪しい時代です。会社に縛られないで生きる道はないのでしょうか。

（二〇代・会社員・男性）

田舎で豊かに暮らすという方法があります。

私の知り合いに驚くべき生活をしている人がいます。日頃は長野県のリゾート地に南米の雑貨を売る店を開いています。音楽が大好きで、南米のフォルクローレを演奏するのですが、当然、これでは食っていけません。そこで、南米に行くたびごとに仕入れてきた雑貨を、主としてインターネットを使って販売し、暮らしているのです。しかし、それだって、十分に成功しているとは言えないから大変だなと思っていたところ、びっくりするような話を聞いたのです。

最近、近所の中古の別荘を買ったというのです。どういうつもりで買ったのかと訊くと、予想もしなかったような答えが返ってきました。なんと、借金をして買い取ったその別荘に住みこんで、友人の助けも借りながら、何か月かかけて全面的にリフォームし、新しく売り出すのだという。そうすると、数百万円のお金が利益として入ってくるというのです。それには、もちろん大工の技術が必要で

●
考えるための言葉

「善人なほもつて往生をとぐ、いはんや悪人をや。」
＊親鸞『歎異抄』

す。しかし、何年かいろいろな家の補修をしたり、本職の大工のもとで見よう見まねで習っていると、いつの間にか、たいていのことはできるようになるというのです。場所も自分の家の近所だから、いつでも出かけられるし、仕事に集中している間は、その中古別荘に住みこんでも何の問題もないわけです。とてもいいアイデアだと感心しました。一年に一軒か二軒、こうやって中古別荘を買って修理すれば、必要な現金は手に入るのです。しかも、自分の技術を活かして面白い家に改造できるなんて、実に楽しそうです。こんなふうに生きていけるのなら、夢のような暮らしだなと思ったものです。

もちろん、東京の真ん中にいて、ブランド品で着飾り、高級レストランでフランス料理を楽しむ、といった豪華な生活はできないかもしれません。でも私個人は、そういう生活を続けてそんなに幸福だろうかと、いつも疑問に思っている人間です。ときどきは、お金のことなど気にしないで極上のシェフ料理を存分に楽しみたいとか、リッチなホテルで過ごしたいという気持ちならわかります。でも、そんな生活もしばらくやっていると、面白くも何とも感じなくなっている自分に気がついたのです。そう！　たまにやってこそ、リッチなものに意味があるのです。少なくとも私は、かなり長い人生を過ごしてきて、そう感じています。

実は、この紹介した彼も、かつては都心の大企業に毎日満員電車に揺られながら通っていたそうです。が、あるとき、人に命令され、我慢するだけの生活の、どこに魅力があるのかと疑いはじめたそうです。自分の人生、しかも一回限りの人生なら、自分が納得できるように生きたいと思い、いまの道に入ったといいます。

私は山梨県と長野県の境に近い田舎というか山に暮らしているせいか、こういう人がいっぱいいることに気がついています。周りにいる電気屋さん、水道工事屋さん、大工さんというのは、実はたいてい農業をやっているのです。農業といっても、市場に出して現金収入を得るのは付け足し程度の場合が多く、ほとんどは、無農薬でつくった自家消費用の野菜や米です。百姓というのは、農民という意味ではなくて、百ものさまざまな職業に従事する人を意味する言葉だったようです。

私も長い間、大都会で暮らしていたのですが、田舎に移って何に驚いたかというと、お金がかからないことです。それに比べて都会は、お金を使うようにできています。目の前に買いたいなと思うようなものが次々に現れて、お金が羽根が生えたように飛んでいきます。田舎で暮らしていると、その代わりに自然の移り変わりの美しさや、近所の仲間との適度な距離を保った心地よいつきあいがあります。残念ながら、近所のスーパーやモールに行っても、まあ、たいしたものはありませんが。

しかし、いまの田舎暮らしは、昔とはまったく違うと言ってよいでしょう。なんといっても、インターネットの普及によって、最新の情報を手に入れるのは簡単です。それから宅急便などの配達体制の著しい改善で、日本中のもの、いや世界中のものが簡単に手に入ります。インターネットの情報収集さえしっかりしていれば、時々の高品質の旬のものさえ手に入るのです。もちろん、野菜にしてもアパート代にしても都会よりはるかに安くて、ゆったりした家でおいしい食事をつくることができます。

となると、何が足りないのでしょうか。何があれば、都会暮らし以上の生活ができるでしょうか。それは、豊かで多様な人間関係とネットワーク、そして生活を自分でつくって楽しむ技術だと私は思います。

新潟に私の知っている仲間がいるのですが、彼らは、日頃はちょっとした会社で何の特色もない事務作業をしたり、小売店をやったりしています。しかし、びっくりさせられるのは、彼らの驚くべき

●考えるための言葉

「希望なき人のために、希望はわたしたちに与えられている。」

＊ベンヤミン『ゲーテの「親和力」について』

遊びの能力です。一〇数名でカヌー仲間をつくり、毎年五～八回くらいカヌー遊びに興じています。カヌー自体も楽しいのですが、何より彼らの楽しみは、川べりでつくる創意に満ちたキャンプ料理、酒におしゃべりなのです。タラの芽やキノコといった自然の恵みはもちろん、あちこちから手に入れた珍しい食材を巧みに料理して楽しむ達人ばかりです。彼らとて、昔から料理の達人であったわけではありません。こういう遊びを続けているから、どんどんうまくなっただけのことです。一、二か月に一度のカヌー遊びといっても、けっこう頻繁なのです。ちょっと遠出をすることも多いので、日程調整をしたり、カヌーの後片づけや、思い出話も含めれば、年がら年中やっている感じです。そのうえ彼らの多くが地元で、歌をうたったり、クラフトワーク、詩の発表会等、さまざまなイベントを組織しているので、一年中つきあいがある。冬になれば、地元の家を借りたり、あるいは互いの家で、また宴会の続き。そのエネルギーには頭が下がるほどです。そういう人間関係と生活の楽しみ方を知っていれば、都会の華やかさの陰に潜む孤立や孤独とは無縁の世界が広がるのです。そのうえ、昔の封建的な村の監視や束縛といった文化はほとんど消えてしまっているという重要な変化があります。

私は、若い人が華やかな都会の消費生活にあこがれるのは、それはそれでいいと思っています。しかし、そんな生活をずっと続けることに飽きたり、無理だと思ったりするときもあるかもしれません。そんなときは、田舎でまた新しい生活をすればいいのです。消費が人生だなんて思わないときが、必ずくるはずです。

（人生実験くん）

A

仕事を創る、という選択肢はありえませんか？

しんどすぎる仕事を続けても、「せいぜい課長どまり」。相談者さんの考えにすごく同感します。会社がいつ潰れるのかわからない時代、お金を得ることはとても重要なことですが、しかし苦しい思いをして精神を殺して働きづけることに、どこまで意味があるのかと問い直してしまいます。待ってるポストは中間管理職くらい、果ては強制的な定年退職です。

僕は、以前四年間就いていた仕事を辞めた後、偶然にも友人からの誘いでコミュニティカフェ創設事業にたずさわり、カフェの経営を始めてもうすぐ二年になります。会社経営、マーケティング、経理、税金など、とくに専門的に学んだこともなかったので、ここ一年半はすべてが手探り。文字どおり死ぬほど働きましたが、なんとかなるものです。この二年ほどを振り返ってみると、起業ということについて見えてきたことがあって、一言で言えば、いまの時代は非常に起業をしやすい時代と言えるかもしれません。

その理由は大きく二つあります。まず一つは、資金繰りに関して、起業しようとする分野や地域の自治体などで、創業助成金・活動助成金などがいくらでも探せば出てきます。僕たちも自治体の創業助成を活用し、元手はほぼゼロに近く起業ができました。

もう一つは、会社経営をするためのシステムに関して、技術革新がはなはだしいということです。たとえばＪＩＭＤＯというＨＰの制作ページがあるのですが、キャッチコピーが「HP to the Peo-

●考えるための言葉

「自由は取る可き物なり、貰う可き品に非ず。」

＊中江兆民『三酔人経綸問答』

ple」（HP制作をすべての人へ）とあり、専門的な知識は必要なく、慣れれば誰でもHPを制作・更新することができます。このように「専門家に依存することなく、自分たちの手で」、というのがここ一、二年の流行なのか、会社経営に欠かせない経理、給与計算や納税、うちは飲食店なのでレジも活用していますが、そのすべてが手持ちのタブレットやPCなどにアプリケーションを追加するだけで、ほとんど無料と言ってよい金額で十分すぎる機能が付与されます。個人で会社を経営するなんて、親からの会社の跡継ぎか、もしくは特別な能力をもった人といったイメージがあるように思うのですが、助成とIT技術を活用すれば、自分で仕事を創ることはまったく夢物語ではない時代といえます。

さて、もう少しうちのお店の経営についてお話したいのですが、カフェといっても、他と比較したらとんでもなく短い営業時間です。平日は昼間のランチ帯しか営業しておらず、土日でも夕方六時まで。それ以外の時間は、小さな店舗の魅力を活かして、カフェ全体を貸切できるパーティや、自分たちのネットワークを活かしたイベント、学びの場づくりなどを行っています。二〇〜三〇代、僕も含めて四人で運営していますが、多くても一人あたり月八〇〜一〇〇時間（週に二〜三日程度）しか働きません。パイ（利益）の際限のない拡大（と、それに伴う労働時間の上昇）を求めず、自分たちの最低限の収入（ベーシックインカム）を設定し、それを賄えるだけの営業時間（と労働時間）に縮小した結果、こんなスタイルとなったのです。このカフェのための労働を僕たちは公役（民俗学用語で「くやく」と読みますが、「自分たちの生を支えるための共通の仕事」という意味です）と呼び、公役以外の時間は、カフェの設備や空間を自由に使って、自分がやりたい仕事や事業、勉強などのための拠点としたわけです。自宅以外の場所で、賃借りをせずに自由に使える拠点は重要な資源となり、僕も含めメンバーは、その資源を使って新しい仕事を生み出したり、ネットワークを広げるための集まりやパーティ、趣味仲間の集いなどを開き、ベーシックインカムでは足りないお金を生み出すか、仕事以外の生を豊かにしようと奮闘しています。

このように超極小の会社では、自分たちが望む生き方、それにはどれくらいここで働き、どれだけの稼ぎを得たいのか、働く時間以外に何をしたいのかを、変幻自在に事業に反映し、再構築することができます。それは企業側に「生」の重要な部分を預けるのではなく、それを自分たちの手元に取り戻す作業とも言えるかもしれません。

安定するまでは気が気ではありませんが、安定しはじめると自分の生を支える一つの土台となりえます。だって解雇も定年もないし、たとえば国家の枠組みに反してしょっぴかれたとしても、冤罪を受けたとしても、冷や飯を食うことはないのですもの。ま、重要な問題として、倒産はありえますけれども（それも、いまの時代は大手も倒産するからリスクとしては同じでしょうか）。

「半農半X」の〝農〟が、人に生きていくうえでの自信を与えるように、「半〝起業〟半X」という生き方だって、十分な選択肢になりえる時代だと思うのです。

（22歳からの活動家）

ソクラテスの提言

大地を自分で耕して働く時代

1　不安な社会と働くこと

ＬＩＮＥの既読の機能に苦しむ人の話をよく聞きます。送られてくれば読んでみようと思うのは当然ですが、読んだからといって、すぐに対応を迫られるのも困った話です。どんなに親しい仲間や友人、恋人関係だって、いつまでもずっとつながって監視されていたら、息苦しくなって逃げたくなります。人間にとってもっとも恐ろしいことは孤独であり、誰にも目を向けてもらえず関心がないのではないかと思うことほど不安を駆りたてるものはありません。いつでも誰かが応答してくれたら、どんなに安心するかしれません。

だから、ＬＩＮＥでつながっていたいという気持ちはよくわかるのです。問題は、寂しく感じている時間が相手と一緒とはかぎらないということです。たとえば、明日の朝までに仕上げなければならない書類があって仕事に必死のときは、とても人のことなどかまっていられないかもしれません。あるいは、まったく逆に、うんざりするほど多くの人と長い間、ストレスのある作業をこなさなければならない状況かもしれません、そんなときは、とにかくしんどくてウザイという感情から解放されるために、むしろ一人になりたくて仕方がないかもしれません。そんな場合は携帯やスマホもうるさく感じるのです。それなら、ＬＩＮＥでつながることなど止めてしまえばいいのにと思うのですが、そういうわけにもいかないのです。寂しいときのことを考えると、やはり無理なのです。というわけで、ほとんど一日中、ＬＩＮＥや携帯の世界に束縛されて生きることになってしまうのです。

逆に言えば、現代は一人になれない時代です。生活の隅々に至るまで他人の目が入り、インターネットでは事実上、個人のプライバシーなんかはなきに等しい状態です。LINEの面倒くささは、孤独を避けるためにどうしても代償として払わなければならないものなのでしょうか。

このことに関連しますが、現代の私たちの生活も、よほどのことがないかぎり、現代の都市生活機能に完全に牛耳られています。東日本大震災のような災害が起きれば、すぐにわかります。電気が使えず、インターネットが使えないと、もう通常の生活が不可能になってしまいます。それどころか、都会生活に慣れた人にとっては、コンビニが一つないだけでも、とても不自由に感じるでしょう。つまり、便利な生活に慣れた人はそれだけ、自分で暮らす能力を失っており、この社会の仕組みに管理されているのです。

でも、社会を無視して生きることなどできないのは明らかでしょう。私たちは社会とつきあっていかなければならない宿命の時代に生きているのです。ただ、そのことは、私たちが社会の奴隷にならなければ生きていかれないということとは必ずしも同じでないと思います。社会とは適当につきあいながら暮らせばいいのです。いまの社会は、会社に勤めて、奴隷のように働かないと生活できず、未来も見えないと思わされていますが、その構造を抜け出すことは可能だと思うのです。ところが、マス・メディアも、学校も、あるいは家族の会話でも、まるで安定しない暮らし方をすると、いつ飢え死にするかわからない時代であるかのように吹聴するのです。

実は、私は携帯もスマホももっていません。当然、LINEの世界とも縁がありません。だからといって、他人との連絡を絶って、孤独に生きているわけではありません。スカイプ（Skype）なんかはけっこう頻繁に使っていて、世界のあちこちに住んでいる家族や友人とは、特別な追加料金も払わ

●
考えるための
言葉

「これまでとちがう世界を築けるという夢を、捨ててしまうわけにはいかない。」

＊ノーマ・フィールド『天皇の逝く国で』

ず、無制限の通話を楽しんでいます。いうまでもなく、メールは私の生活でもっとも重要なツールの一つです。いつでも自由に、自分が見たいときに相手のメールを読めるし、返信ができるというのは、なんて便利な世の中になったのだろうと思います。そういう意味では、インターネットの発展に心から感謝しています。だけど、ＬＩＮＥみたいな相互束縛はうんざりですから、最初から近寄りもしません。

私は、働くことに関しても同じやり方でつきあう時代に入ったのではないかと思うのです。いまの世の中では、正規職員になると、収入は高くなるけれど、その分、奴隷のように会社への忠誠を要求されます。個人のプライベートな生活を楽しんだり、自分なりの人生プランをもって豊かに生きていけるような働き方をするなんて考えは、とんでもない。そんな甘い考えで働こうものなら、いまにも地獄のいちばん奥底まで突き落とされ、貧困と孤独にさいなまれてしまう――そんな言い方がされます。本当でしょうか。

この社会とのつきあい方、働き方を少し変えて、自分の生活はなんとかやっていける範囲内で働く道を探してみたらどうでしょう。働くこと自体をやめることはできないでしょうが、社畜といわれるような奴隷状態に陥ることなく、自分らしさを失わずに働く方法を工夫していくことです。そんなことが簡単にできるわけがないという反論が聞こえてきそうです。でも、努力と工夫、そして発想の転換によって、意外と可能性が開かれるかもしれません。

２　プレカリアートの時代

プレカリアートという言葉を聞いたことがあるでしょうか。プロレタリアートという言葉でさえ、もう死語になりつつあり、聞いたことのある人は年寄りだけかもしれません。かつてヨーロッパでは、職人や自営できる豊かな階層は、封建領主などの横暴な搾取や暴力に対抗して、自分たちで街の周りに城壁をつくり自治都市を造っていました。この砦の内部に暮らす人びとは、仲間で団結して、襲ってくる者たちを撃退するために、この砦のなかで生活しながら、自らの生命の安全を確保していました。この砦をドイツ語ではブルク（Burg）といい、そのなかで生活の安全と自立を保障された人を「市民」（ビュルガー Buerger＝砦のなかに住む人）といったのです。これは、今日の「市民」という言葉（フランス語ではブルジョワ）に引き継がれていきます。これと対比的に、砦のなかには入れてもらえず、砦の外側で、生活と生命の安全を保障されず見捨てられた人びとを、プロレタリアートといったのです。この人たちは、誰かに雇ってもらって賃金を得ないかぎり、生き残ることもできません。

このプロレタリアートという言葉に、「不安定な」とか「危うい」といった意味のプレカリオというイタリア語をつけたのが、プレカリアートという言葉なのです。その背景には、現代社会の急速な変容と深い関わりがあります。たった二〇年ほど前、ヨーロッパや日本のように生産力の発達した国々ならば、町並みもきれいで落ち着いたところが多く、人びとの生活も国のさまざまな社会保障政策によって安定し、まっとうに働けば未来への希望ももてるように見えたのです。日本でいえば、男性の労働者なら、一定以上の規模の会社に就職したり、公務員になれば、安定した生活が保障されるかのように見えたのです。実際、日本の経営者の総元締めともいうべき日経連という団体が、一九九五年に突然、終身雇用を基本的に止めると宣言するまで、企業における終身雇用、正規雇用が当たり前でした。そして、真面目に働いていれば、それなりの退職金と年金がもらえて、安心して老後を迎えられるように思えたのです。

ところが、この二〇年間の日本社会の変貌といえば、目や耳を疑うような事態です。公務員はどんどん減らされ、年金制度や退職金はいつ消え去ってしまうかもわからない状態です。財政破綻に苦しむギリシアなどでは、若者の失業率は優に五〇%を超え、日本でも、もはや新規採用の若者は半数が非正規雇用になっています。さらに、会社のなかで一定以上の収入が得られる仕事に就くと、今度は残業代がつかなくなるというのですから、これからは、安定した高収入のためには猛烈な長時間労働も覚悟しろというわけです。ところが、そう命じる企業そのものが、グローバル化した生き残り競争の前に不安を抱えてきています。ソニーやシャープだって、あっという間に経営危機に陥りかねないし、現実にそうなりつつある時代です。つまり、こうした働き方の変化は、グローバル化された世界経済の仕組みをつくり、国家の枠を越えて成長しようとするトヨタやソニーに代表される巨大産業が、熾烈な競争をくり広げながら巨額の利益を上げるために生じたものなのです。その結果、G8やG20といった国際的な協力関係や協定を結び、共通の国家財政の構造や税制度を採るようにしてきたのです。そのなかで、「巨大企業が国外に逃げないようにするため」を口実とした大企業減税を推進する一方、国内の消費税増税や社会保障支出の削減を柱とする財政緊縮政策を採って、国民生活の逼迫（ひっぱく）を進めるような施策が求められてきているのです。そうした流れのなか、もっとも深刻な問題が、労働市場のあり方の変容です。企業は世界市場での競争のためという名目で、これまで実施してきた正規雇用をどんどん縮小して雇用を流動化し、働く人の福利や雇用形態の不安定化をはかり、競争に勝てる利益構造を強固に推し進めようとしているのです。その意味では、現在のグローバル化した世界企業間競争の構造を根本から変えないかぎり、この不安定な構造は少しも改善されないどころか、どんどん深刻化するのです。したがって、このような状況は、景気がよい悪いというような表面的な問題ではなくて、現在のグローバル化した企業間競争と、その利益をハゲタカのように食い荒らそうとする金融資本の天文学的なマネーゲーム競争の必然的な結果なのです。この構造を根底から変えないかぎり、人びとがゆったりと暮らすことなど不可能な仕組みになっているのです。

そもそも二一世紀というのは、あの9・11から始まった世紀です。ニューヨークの中心にあるビルが突然、飛行機の突入で破壊されたことに象徴されるように、世界のどの街も、いつテロ事件で爆発が起きるかもしれません。そして、その同じニューヨークで始まった二〇〇八年のリーマンショック*以降、世界の経済は深刻な停滞のなかでもがいています。つまり、私たちの全生活が、三〇年前にはたしかに見えた確かさを失っているのです。かつて、国が支えてくれると信じた事態のほとんどは、もはや幻想です。二〇世紀の後半には存在できると信じていた社会の安定した地盤が、生活のあらゆる部門で安定性を失ってしまった。そういう新しい状況を表すために、プレカリアートという言葉が登場したのです。

＊　二〇〇八年に、アメリカの証券会社などの金融界が悪辣なマネーゲームをして、世界の経済を一〇〇年に一回といわれるほどに破綻させた事件。

3　会社や国に身を預けて生きるのは危険だ！

かつて、私たちの暮らし方をつくっていたのは、安心できる大きなものに頼ることでした。私の父は、戦前の厳しい状況と戦争の惨劇を見て、とにかく公務員になるか大手企業に勤めろと、子どもたちに口を酸っぱくして説教していました。いまや、そんな安心できる仕事場などほとんど幻想です。そして、仕事が安定したものでなくなるということは、実は家族という関係が安定したものでなくなることでもあるのです。

●
考えるための言葉

「戦争は政治の道具である。」
＊クラウゼヴィッツ『戦争論』

家族というのは、いろいろな困難があっても最終的には互いに責任をもちきるシステムだと言ってもよいでしょう。子どもや、病人、高齢者などはいずれも、自分の力だけでは生きにくく、家族がいろいろな形で支える最後のよりどころとなってきたことは事実です。国や自治体などが、あるいは友人や助け合いのネットワークが、さまざまな困難を抱える人を支えていく役割をもつべきだというのは、まったくの正論ですが、それでも、公的な組織や制度が見捨てても最後まで関わって支えるのは、家族をはじめとする親密な人間関係なのです。戦後長い期間、父親をはじめとする稼ぎ手が生活の経済的基盤を確保してきたから、家族が生き延びてきたのでした。ところが、そうした家族を最後のよりどころとする戦後の社会経済システムの全体が、いまや危うくなっているのです。家族の生活が賃金収入のあり方に大きく左右される今日の日本社会にあっては、労働形態が流動化し、経営が不安定化していけば、おのずと給料の稼ぎ手が不安定な状況に置かれ、その不安定化に伴って家族は一気に危険な状況に陥ってしまうのです。となれば、今後、これまでのような家族形態に安心して依拠できるかどうかも怪しくなるかもしれません。その意味で、私たちの生活全体が「不安定化」している時代なのです。そんな時代をどう生きればいいのでしょうか。仕事も家族も不安定だなんて、絶望的に見えます。

こんなときにこそ、哲学が役に立ちはじめるかもしれません。というのも、哲学的にものを考えるというのは、いま置かれている時代や社会を人間の絶対的な宿命と考えるのではなくて、そもそも人間にとって生活や人生とは何か、社会とは何かを疑って考えてみようとする、大胆不敵な営みだからです。

そもそも、こんな暮らしが本格化したのは、せいぜい日本の敗戦後、高度経済成長が始まってからのことです。というと、だいたい六〇年前からなのです。日本列島に私たちの祖先が住みはじめたのは、だいたい一万五〇〇〇年前から二万年前だったとすれば、こんな生活はほんの一瞬の長さです。

その比較で考えると、この六〇年の生活とそれ以前の生活とのいちばん大きな違いは、賃金を得ることで生活を賄うというやり方が、大半の人びとの生活の中心になってきたということです。つまり、会社などに雇われて、賃金をもらい、そのお金を使って他の生活物資を買う、という形で生活しているわけです。だから、基本的に賃金をどれだけ得られるかによって、生活の大部分が支配されてしまいます。生活のほとんどが賃金をもらうための人生であるなら、生活の豊かさはお金の量によって決められてしまいます。

たしかに、お金は便利だし、お金があれば、おいしいものもいっぱい食べられるし、いい家に住むことも海外に旅行することも可能です。そんなことは、言わなくても誰でも知っていることです。ところが、一つ困ったことがあります。それは、お金をたくさん得られるかどうかが、企業の成長や収入の上昇というものと深く結びついていることです。これは、この社会の経済システムや会社の経営のよし悪しに生活が左右されるということです。この経済システム、企業経営のよし悪しが、グローバル競争のなかではきわめて不安定なものになるのです。日本の企業は、日本の平均賃金の一〇分の一以下で働く国々の企業とも競争しなければならないし、反対に、グーグルやマイクロソフトやトヨタといったとんでもない規模と資本力をもつ企業とも競争しなければなりません。それはとても過酷な話です。農業だって同じです。たとえば、日本では牛を飼っているといっても、たいていは一〇頭程度ですが、ニュージーランドでは、一軒で数千頭も飼っているというのです。これでどう競争するというのでしょうか。だから、世界的規模の競争を生き抜こうとすれば、その過酷さは尋常なはずではなく、まるで地獄のように思えます。お金が安心して手に入らなくなったら、生きることの基盤が崩されてしまうように見えるからです。

しかし、これには一つ、大変に強力な脱出方法というか抜け道があるのです。それは、お金に頼る生活を減らすということです。お金を使わず、我慢して貧乏生活をしろというのか、というお怒りがきそうですが、そうではありません。半農半Xという言葉を聞いたことがあるでしょうか。これは、戦後日本の工業化社会が進むなかで、農業によって、サラリーマン並みに現金収入を得られる方法がないかと模索されてきましたが、それを逆の発想から考え直そうとするアイデアです。都会生活というか、お金に頼りきった生活から脱出する方法として、とても興味深いものです。かつて、日本が高度経済成長を遂げて、どんどん賃金も上がっていったにもかかわらず、農民たちは働き方や収入の増やし方をいくら改善しても、なかなかそのような状態には至らず、農業の未来に不安と焦りを感じていました。ところが世界中の資本主義の先行きが危うくなってきた今日、むしろ問題が逆転してきたと言ってよい状況が生まれているのです。半農半Xというのは、家族で食べていくための食料などは農業をすることで確保しつつ、現金収入の道を農業だけに頼ることなく、パートの仕事などで稼いだり、ボランティア活動や趣味など、自分のやりたいことを実現しようとする生活スタイルのことです。

たしかに、何でもスーパーなどで買い物したり、外食するような生活に比べれば、農業をやったり、生活上のさまざまな営みを自分の手でやるという生活は、最初はかなり大変です。農業も本当にうまくできるようになるには、ずいぶん経験と学習が必要です。料理や家事なんかも実際やってみると、最初は時間がかかって、とても大変に思えます。慣れないうちは、これじゃあ、スーパーで買ってきたり、レストランで食事したほうがいいと思いたくなるかもしれません。

ところが、この生活には二つの大きな魅力があるのです。一つは、費用の点です。自分で野菜などの食材をつくり、自分で料理をして暮らすと、驚くほどお金がかかりません。前にも述べましたが、料理を自分でやると食事代の支出は一挙に三分の一に減ります。さらに、野菜など必要な食材を自分で栽培すれば、四分の一、あるいは五分の一になります。

しかし本当に魅力的なのは、お金がかからないということではありません。それは、お金で代用していた人間の営みを自分に取り戻すことができるということなのです。自分で野菜を育てるとか、自分で料理をするということは、そうした働きをとおして、他人に預けっぱなしの生活スタイルから、自分自身が主人公であることを取り戻すということなのです。給料をもらうために働くということは、自分の働きに対する評価を雇う側に預けて、そちらに評価してもらうということです。たしかに、お金は手に入るかもしれないけれど、それは相手が自分を評価してくれるかぎりという点で、本当に不安定なものです。一方、自分で野菜をつくったり、自分で料理したり、自分で生活に必要なものをつくるというのは、誰にも命令されず、自分で自分の出来具合を楽しめるだけでなく、それができるようになればなるほど、お金もかからず自己肯定感がどんどん高まっていくのです。

いまの時代は便利に見えるけれども、自分の人生が他人や社会の浮き沈みによって翻弄される可能性があるのです。その意味で、農業や料理によって、できるかぎり自分の手で生活を営むという文化をつくることは、この不安な社会のなかで確かなものを生み出す重要な方法ではないでしょうか。そもそも、会社に全面的に依存して生活することがなくなれば、それだけでも、この「不安定な」時代に翻弄されることは少なくなるのです。

そう言われても、そんな時間ができるわけがないと言う人もいるでしょう。しかし、これが重要なポイントなのです。たとえば、大きな会社にずっと雇われて安定した生活を送ろうと思ったら、嫌な仕事も長時間労働も引き受けなければならないでしょう。でも、ほどほどに収入を得られればいいというライフスタイルならば、そんな大都市の大会社に雇われなくても、家賃も物価も安くて、お金を浪費する機会も少ない地方都市で楽しく暮らせる可能性は、いくらでも見つけられるかもしれないのです。

これまでは、いい会社に安定的に雇用されて、高い収入を得て働くというのが人生の目的だったかもしれません。でも、この二一世紀の社会の大激変は、人生を豊かにすることを軸にした働き方が求められる時代に入ったことを示唆しているのではないでしょうか。お金は必要な範囲で工夫しながら手に入れ、自分がやりたい人生をしっかりと軸に据えて、自分の誇りを保てるような働き方を選ぶ。そういう生き方の大転換が必要だと私は思うのです。

（人生実験くん）

おわりに

気づいてみれば、本書を出版するための協働制作を始めてから、はや三年の月日が流れていました。現代人が抱える生き難さに向き合いながら、新しい哲学の〈かたち〉を探ろう。そのためにも、さまざまな年齢や立場から多様な考え方を示し合い、世代間に備わる差異の豊かさを浮き彫りにしよう。そんな思いで始められた「多世代文化工房」に集ったのは、それぞれがユニークな経歴と経験をもつ異世代の六名でした。

生き難さを抱えた現代人と一口に言っても、人生に絶望しきっている人の耳には、なかなか言葉が入ってこないものです。その点で本書は、そこに陥る手前で生き難さを漠然と感じているような人たちに手に取ってもらいたいというコンセプトを置いています。

また、悩んでいる人というのは、たいてい「自分の悩みなんて他人にとってはつまらないものだ」と、悩みそのものをないことにしてしまいがちですが、他人の悩みを知ることによって、実は自分の悩みがけっして特殊なものではないという事実に気づかされることがあります。その点で、本書は人生相談というスタイルをとりながら、個々の悩みが現代に生きる人びとにとって、誰しも共有できるものであることを伝えたいという意図も込められています。

しかし、いざ相談文を前に考えはじめてみると、回答者自身が解決策を何ももっていないことに気づかされるばかりで、いっこうに筆が進みません。加えて、本書は自己啓発や心理カウンセリングとはもちろんのこと、抽象概念が並び連ねるアカデミックな哲学とも異なる、新しい哲学の〈かたち〉

を模索したものですが、いざその取り組みを始めると、その〈かたち〉が茫漠として判然としません。その〈かたち〉が判然としなくてもいいから、ともかく書き連ねてみよう。回答者たちがそう決意したところから、いつしか各々の人生経験や見聞をもとに、それを考え抜きながら自分の言葉で紡ぎだす本書の回答スタイルが確立されていきました。

それは一見して独断ともいえる回答かもしれません。しかし、本書ではユニークな独断にこそ、誰にでも開かれている普遍性が詰まっているという仮説を立てて、あえてそれを肯定しながら掘り下げることを試みました。そのことが時代社会の制約をも突破する、普遍的な「わがまま」に通じると考えたからです。そして、それがたんなる「わがまま」にとどまらず、現代を生き抜く知恵に磨きあげられていくためにも、この工房では、数か月に一度、お互いに顔をつきあわせて話し合うことを原則に作業を進めてきました。

この通信手段が発達した世の中で、しかもこの多忙化社会で、なにもわざわざ一堂に会して話し合う必要などないのではないか、と思われるかもしれません。けれど、話し合いというのは不思議なもので、独特のリズムとテンポで進められるうちに、ふと思いがけないアイデアが生み出されるだけでなく、原稿が書けない絶望感に陥ったときなどは、そこから抜け出させてくれる力があります。その意味で本書は、「話し合い」という制作方法を中心に据えた協働の賜物でもありました。

むろん、その話し合いに豊かさをもたらしたのは、各々の「ソクラテスたち」の個性にほかなりません。しかし、この個性のかたまりたちが不協和音に陥らずに出版までこぎつけられたのは、編集者である、はるか書房の小倉修さんのお力によるものです。ときに脱線し、ときに挫折しそうになるわれわれの議論を、いつも穏やかに見守りながら励ましてくださる小倉さんは、まるで「ソクラテスたち」を見守るデルフォイのアポロン神のような存在でした。執筆者一同、小倉さんには心より感謝申し上げます。

本書での試みがどれほどうまくいったかは、読者にご判断を委ねざるをえませんが、暗い時代のなかにあって希望を生み出す一つのきっかけになれば幸いです。

二〇一六年三月

渡部　純

執筆者プロフィール

●

佐藤和夫（さとう　かずお）

千葉大学名誉教授。思想文化オーガナイザー。単著『仕事のくだらなさとの戦い』（大月書店）、共著『喫茶店のソクラテス』（汐文社）、訳書『精神の生活』（アーレント著、岩波書店）ほか。

●

藤谷　秀（ふじたに　しゅう）

山梨県立大学人間福祉学部教授。専門は倫理学・哲学。著書は、単著『あなたが「いる」ことの重み』（青木書店）、共著『介護福祉のための倫理学』（弘文堂）ほか。

●

渡部　純（わたなべ　じゅん）

福島県立高校教員（休職中）。東京大学大学院総合文化研究科博士課程（在籍中）。てつがくカフェ@ふくしま世話人（活動中）。人生（思索中）。

●

片山南美子（かたやま　なみこ）

都市に生きる農業教員。勇気も思い切りもなく農家になれなかったものの、公立高校で草花の栽培に、日々、楽しく取り組んでいる。

●

川上和宏（かわかみ　かずひろ）

東京学芸大学大学院博士課程在籍。「大人の秘密基地」と名づけたソーシャルスペース＆カフェ経営。「自分たちで創る暮らし」のあり方をもとめて研究と実践と、模索中。

●

森田寿美江（もりた　すみえ）

大学卒業後、国内のNGO団体で海外へ絵本を届ける活動に関わり、その後現在に至るまで、国内の国際学校で小学生に国語や日本語を教える仕事をしている。

責任編集

佐藤和夫
藤谷　秀
渡部　純

著者

多世代文化工房

メンバープロフィールは右ページ参照

わがままに生きる哲学
――ソクラテスたちの人生相談

二〇一六年四月二〇日　第一版第一刷発行

著　者　多世代文化工房
発行人　小倉　修
発行元　はるか書房
東京都千代田区三崎町二―一九―八　杉山ビル
TEL〇三―三二六四―六八九八
FAX〇三―三二六四―六九九二
発売元　星雲社
東京都文京区大塚三―二一―一〇
TEL〇三―三九四七―一〇二一
装幀者　丸小野共生
製　作　シナノ

定価はカバーに表示してあります
落丁・乱丁本はお取り替えいたします
ISBN978-4-434-21858-3　C0010